世界经典家教系列丛书

发掘孩子身上的巨大潜能
——哈佛名人教子书

田学超　陈慧颖　编

🏛 中国社会出版社

国家一级出版社·全国百佳图书出版单位

图书在版编目（CIP）数据

发掘孩子身上的巨大潜能：哈佛名人教子书／田学超，
陈慧颖编 . —北京：中国社会出版社，2016.8
（世界经典家教系列丛书）
ISBN 978 - 7 - 5087 - 5337 - 9

Ⅰ . ①发… Ⅱ . ①田… ②陈… Ⅲ . ①家庭教育
Ⅳ . ①G78

中国版本图书馆 CIP 数据核字（2016）第 171623 号

书　　名：	发掘孩子身上的巨大潜能——哈佛名人教子书
编　　者：	田学超　陈慧颖

出 版 人：	浦善新		
终 审 人：	胡晓明		
责任编辑：	牟　洁	责任校对：	陈　蔚

出版发行：中国社会出版社　邮政编码：100032
通联方法：北京市西城区二龙路甲 33 号
电　　话：编辑室：（010）58124838
　　　　　邮购部：（010）58124848
　　　　　销售部：（010）58124845
　　　　　传　真：（010）58124856
网　　址：www. shcbs. com. cn
　　　　　shcbs. mca. gov. cn

中国社会出版社天猫旗舰店

经　　销：各地新华书店

印刷装订：中国电影出版社印刷厂
开　　本：170mm×240mm　1/16
印　　张：13
字　　数：180 千字
版　　次：2016 年 11 月第 1 版
印　　次：2016 年 11 月第 1 次印刷
定　　价：45.00 元

中国社会出版社微信公众号

目录

前　言

　　家庭教育、学校教育、社会教育是一个人成长和成才所需经历的三大教育。在这三大教育中，家庭教育首当其冲，尤为重要。如果，把一个人的成长和成才比作一棵树，那么，家庭教育就是树根，学校教育就是树干，社会教育就是树冠。家庭教育不光是学校教育和社会教育的根基，也是它们的支撑和保障。

　　家庭是孩子的第一所学校，也是他的终身学校；父母是孩子的第一任教师，也是他的终身教师。

　　如何教育好自己的孩子？这是当今父母所遇到的一个难题。

　　今天，不管是 70 后、80 后还是 90 后，作为父母，我们遇上了历史上从来没有过的一段特殊的时期：科学技术的迅猛发展、传统观念的断层裂变、贫富差异的日益分化、互联网的深入影响、快节奏的生活方式、多元化的社交网络、信息爆炸的碎片化、人口迁移的多样性、教育资源的差异化……从计划经济时代到市场经济时代，从独生子女一代到放开二胎……无不深深影响着我们每一个家长对孩子的教育，关系孩子未来一生的成长。

　　今天，家庭教育已面临着前所未有的挑战，比历史的任何时期，都更受家长的关注和重视。

　　没有教育不好的孩子，只有不懂教育孩子的父母。不同的父母，不同的家庭教育环境，不同的教育方法和理念，教育出来的孩子截然不同。

懂教育的父母，可以成就孩子的一生；而不懂教育的父母，则可能毁了孩子的一生。

家庭教育成败的关键不是孩子而是父母，所以教育孩子应从父母抓起。

基于此，为了让新生代父母能真正成为孩子的第一位老师，完全掌握好的教育方法和理念，我们特从浩如烟海的世界家庭教育经典名著的历史长河中精心编著了这套《世界经典家教系列丛书》。这套书精心遴选了经过岁月的洗礼和时间的考验，结合前人的经验和后人的印证，已被后世所公认的家教经典：《学会与孩子对话——查斯特菲尔德给儿子的忠告》《培养天才的传世秘籍——卡尔·威特的教育》《打开孩子的财富之门——洛克菲勒教子书》《和孩子一起找到学习的乐趣——斯宾塞的快乐教育》《孩子也是父母最好的老师——斯托夫人自然教子书》《扮演好你在孩子眼中的角色——罗斯福教子书》《家庭是孩子最好的学校——约翰·洛克的家庭教育》《发掘孩子身上的巨大潜能——哈佛名人教子书》《走进孩子心灵的捷径——蒙台梭利育儿全书》《富过三代的秘密——摩根家族教子书》。

这套享誉全球的世界家教经典读物，揭开了孩子成长发展的奥秘，堪称改变和影响了全世界孩子成长的教育圣经。

这是一套值得每位父母收藏的家教经典，涵盖了孩子在成长和成才过程中的各个方面：包含健康的体魄、健全的人格、高尚的品性、良好的学习方法、完美的人际交往、个性的独立、能力的提升、财富的获取、情感的经营，以及日后婚姻、家庭、生活、事业等方方面面。

一套十本，每本书分别着重从不同的角度和方面来阐述对孩子的教育。这里的每本书可以分别独立，十本书又互成一体，全方面、全方位来帮助家长更好地教育孩子。

这套经典家教读物，影响深远，涵盖古今，气势恢宏，弥补了当前国内全面系统、深入细致、权威有力介绍世界家庭教育名著的空白，且有着其独有的魅力与特色：其一，这是一套推动西方教育革新，影响全世界几代人成长，历经数百年而不衰的教育精华，所选的每一本都是经典中的经典，权威中的权威；其二，每一部作品，结合当前的教育，使影响世界教育进程的大家作品与时下父母的教子需求完美结合；其三，深入浅出，通俗易懂，让高高在上的教育论著走下神坛，成为最接地气的家教读物；其四，没有干瘪的说教，不是枯燥的论述，而是案例丰富，故事生动，可读性强，借鉴性大，实用性强，启发性大……

这是一个教育最好的时代，这也是一个教育最坏的时代。谁能抓住孩子教育的黄金时代，谁就能给孩子创造一个美好的未来。

希望每一个孩子都能健康成长、快乐成才；希望每一个父母都能教子有方、助子成才。

希望把这套家教读物送给每一位已为父母和即将为父母的人，还有每一位教育工作者和每一所图书馆。

给孩了最好的礼物，莫过于给孩子最好的教育。

给孩子最好的教育，从此书开始吧……

谨以为记。

田学超
2016 年 5 月 20 日于武汉

序 ◨ 愿伟人诞生在您的家中

我们都听说过这样的话：父母是孩子的第一位教师，家庭是孩子的第一所学校。这说明二点：一、父母及家庭对孩子的健康负有不可推卸的责任及义务；二、孩子是否优秀，并非那些"天赋"，主要源于后天的培养及教育。

只是，虽然那些父母知道这些，也希望能够担当好"首任教师"及"第一所学校"的重任，然而好多父母及家庭在孩子成长时，总爱叹息自己拿孩子毫无办法，认为自己教育不当没能尽好父母之责。即使那些事业有成的父母，在教育孩子的时候也常常很失败，这成了他们终生的憾事。

不可否认，能否成为伟人或天才，最重要的是后天的教育。这点，德国知名的教育家卡尔·威特父子二人都详细论述过。他们认为，孩子能否取得成就，最重要的是方法。这本《发掘孩子身上的巨大潜能——哈佛名人教子书》在教育孩子方面非常独特，同时这本励志书籍也有助于培养人的性情，为您的梦想增添色彩，不断激励您的勇气及信心。

其实，您的家里也会出现伟人。这，并不遥远。

1. 笛卡尔父亲的特殊教育法

笛卡尔

（1596—1650）

（法国）

法国知名哲学家勒内·笛卡尔于 1596 年 3 月 31 日在法国小城拉艾（现称笛卡尔，因笛卡尔得名）出生。笛卡尔是解析几何之父、西方现代哲学思想的奠基人，也是近代唯物论的开拓者。他的哲学思想深深影响了欧洲，开拓了所谓"欧陆理性主义"哲学。1637 年笛卡尔出版了他的哲学处女作《方法谈》，在其中提出了"我思，故我在"的哲学思想。之后，他又创作了另一部巨著《宇宙论》，内容涉及地球自转以及宇宙的无穷。

当我怀疑一切事物的存在时，我却不用怀疑我本身的思想，因为此时我唯一可以确定的事就是我自己思想的存在。

——笛卡尔

笛卡尔作为现代实验科学方法论的首创者，他的思想影响着全球，至今人们还深受这位哲学家的影响。

1596 年，笛卡尔在法国小城拉艾出生。他从小就非常聪慧，这得益于其父亲布列塔尼对他实施的教育。布列塔尼是声名远扬的大法官，他非常重视对儿子小笛卡尔的教育。从笛卡尔刚开始学说话时，他就开始对儿子进行教育。一天，布列塔尼下班回家后，看见笛卡尔的母亲正教笛卡尔说话。笛卡尔的母亲手握大量的图片，指着其中的小狗图片对小笛卡尔说：

"看，这个是小狗，汪汪。"又指着猫的图片说："这个是小猫，喵喵。"

布列塔尼赶忙走到妻子面前，说："亲爱的，请不要用这种方式教育孩子。"

妻子很疑惑，对布列塔尼说："为什么，难道有什么问题吗?""是的，"布列塔尼说，"你这样教育孩子，孩子是不会懂的。"

"那我该怎么教育他呢?"

"你只需指着小猫的图片，告诉孩子说'猫'就行了。"

"可是大家都是这样教育孩子的，孩子这么小，需要靠声音的帮助。"妻子并不认同这个看法。

"不，你所说的辅助音太含糊不清了，这会让孩子不明白这个图片到底是叫作'猫'还是叫作'喵喵'，孩子需要准确的语言。"

"这是因为你职业的原因吧，孩子这么小，语言不必这么精准，长大后，他慢慢就会知道了。"

"不，假如你这样教育他，长大后孩子又要舍弃模糊的婴儿时期学习的语言，重新学习准确的语言，这样一来，不但浪费了精力，最重要的是，可能让他的思维方式也跟着受到影响。"

"有这么严重吗?"

"是的，孩子的思维始于语言学习，精准的语言对他以后的理性思维影响很大。如果能让孩子养成好的习惯，就有利于他日后的发展。况且你使用的图片教育方法并不科学，可能让孩子理解有误。因为图片与真实的物体差别还是很大的。"

"你的意思是要为他提供实物吗?"

"是的，因为图片也属于一种语言，靠图片学习实物的话，孩子就要将图片的信息变成语言，这对刚学习语言的孩子而言，并不准确。""这样啊，我明白了。"

从此布列塔尼一有空就陪孩子去郊外，他希望让小笛卡尔能在实物的环境中在实物中学习语言。布列塔尼在花园中、草坪上、小河边，都会细心为小笛卡尔讲看到的物体。在父亲的耐心教育下，笛卡尔很容易就学会了自己的母语。

笛卡尔 5 岁就学会了阅读，父亲发觉笛卡尔特别爱看书，所以想让他早些上学。笛卡尔的叔叔并不赞同："孩子年纪还不够，正是贪玩的年龄，假如现在就让他读书，可能会限制他玩耍的天性。"

布列塔尼回答："你说得不错，但这针对那些启蒙稍晚的孩子，小笛卡尔的智力开发比较早，应该尽早让他入学学习。"

"这样的话，不会让孩子有压力吗？"

"不会的，如今孩子有强烈的学习愿望，要是不让他入学，没准会有损于他的智力发展。"

"我还是觉得让孩子早些开发智力，会有损他的健康。正如许多人说的那样，早慧的孩子命不长。"

布列塔尼笑道："我觉得，让孩子加强体育锻炼，是不会损害健康的。"

在父亲的努力下，小笛卡尔 5 岁就接受正规的教育，他表现出强烈的学习欲，在学校表现很优异。无论哪门功课，他都能轻易地学会了。

对此，布列塔尼感到非常欣慰，常常与笛卡尔研讨问题，他发觉笛卡尔的语言逻辑思维非常棒。因此他想让笛卡尔学习经院哲学，这可是那时欧洲最难懂的学问之一。笛卡尔的叔叔非常惊讶：

"孩子只有 8 岁，你怎么能让他学习经院哲学呢，一般来说，这是到大学才开始学习的东西啊！"

"嗯，你并不知道，"布列塔尼说道，"传统的教育方式并不适用于所有的孩子，它并不能将每个孩子的潜能都开发出来。尤其是像笛卡尔这样早慧的孩子，传统的教育方式会限制他们的求知欲的。"

"可这么高深的学问，小笛卡尔能学会吗？"

布列塔尼说："你渐渐就会明白，小笛卡尔是有着过人的理性思维能力的。"于是在父亲的帮助下，小笛卡尔开始学习经院哲学，虽然他学习起来还是有些费力，但从没放弃过。

布列塔尼非常关心儿子的学习进程，常常询问：

"学习得如何了，你能弄懂这些学问吗？"

小笛卡尔说："一开始学习时确实有些费力，如今好多了。"

"同学习并掌握哲学知识相比，更为关键的就是养成独立思索的能力，这才是最重要的。"

在父亲的教育下，笛卡尔的早慧在当时早已声名远播。周围的人都想了解一下这个小神童。当他 9 岁时，同父亲一起到公爵家做客。恰好此时那位公爵正从非洲带回一群鸵鸟。巨大的鸵鸟群在院子来回跑着，公爵早就知道笛卡尔是个小神童，就指着鸵鸟对笛卡尔说道："你知道，一旦有危险发生，这些高大的鸵鸟会做什么吗？""当然是逃跑了。"笛卡尔不假思索地回答道。

"不是的，"马上有人回答道，"都说鸵鸟胆小，一旦有危险，就会将脑袋埋在沙子里。"

小笛卡尔大声回答："假如鸵鸟一遇危险就埋头沙里，那它们早就灭绝了。"

公爵笑着对笛卡尔说："俗语说，不要成为藏头露尾的鸵鸟，你觉得呢？"

小笛卡尔否定道："俗语也有错的时候，鸵鸟腿这么长，脑袋很高，应该无法将头埋在沙子里的。所以我觉得当遇到危险时它们肯定会马上逃跑的。"

说到这里，在场的人都称赞笛卡尔的聪慧。回家的途中，父亲高兴地对他说："孩子，你能有这种怀疑精神实在是太难得了，这说明你已经学会独立思考了，今后一定要保持。"

得到父亲的肯定，笛卡尔更有动力了，他慢慢地养成用理性思维方式来思索问题。1637 年，笛卡尔创作了巨著《方法谈》，创立了唯物主义哲学，他对存在欧洲几百年来的神学提出质疑，他提出用人的理性代替神学，用理性作为评价标准重审世界。这一主张为欧洲 18 世纪工业革命提供了理论依据。笛卡尔这种怀疑的精神和独立思索能力得益于其父亲对他的细心栽培。

笛卡尔语录

1. 犹豫不决才是最大的危害。

2. 我思故我在。

3. 尊敬别人，才能让人尊敬。

4. 一个人为情感所支配，行为便没有自主之权，而受命运的宰割。

5. 读杰出的书籍，有如和过去最杰出的人物促膝交谈。

6. 只有服从理性，我们才能成人。

7. 怀疑是理性的始祖。

8. 在这个世界上，良知被分配得最为公平。

9. 世界之大，而能获得最公平分配的是常识。

10. 恐惧的主要原因是惊奇，摆脱它的最好办法是临事先思考，并使自己对所有不测事件有所准备。

11. 要以探求真理为毕生的事业。

12. 意志、悟性、想象力以及感觉上的一切作用，全由思维而来。

13. 越学习，越发现自己的无知。

14. 仅仅具备出色的智力是不够的，主要的问题是如何出色地使用它。

15. 反对的意见在两方面对于我都有益，一方面是使我知道自己的错误，一方面是多数人看到的比一个人看到的更明白。

16. 当我怀疑一切事物的存在时，我却不用怀疑我本身的思想，因为此时我唯一可以确定的事就是我自己思想的存在。

17. 行动十分迂腐的人，只要始于循着正道前进，就可以比离开正道飞奔的人走在前面很多。

18. 当感情只是劝我们去做可以缓行的事的时候，应当克制自己不要立刻作出任何判断，用另一些思想使自己定一定神，直到时间和休息使血液中的情绪完全安定下来。

2. 莫里哀外祖父的兴趣培养法

莫里哀

（1622—1673）

（法国）

法国知名的戏剧家莫里哀，原名让·巴蒂斯特·波克兰，艺名为莫里哀，1622 年 1 月 15 日生于巴黎，父亲是小有名气的室内装修商。莫里哀的喜剧融入闹剧成分，既风趣、粗犷，又有些严肃，主张作品要自然、合理，强调以社会效果进行评价。他对欧洲喜剧艺术的发展产生深远影响。在法国，莫里哀代表着"法兰西精神"，作品已遍及全球，是世界各国舞台上经常演出的剧目。17 世纪 50 年代，莫里哀自编自演了许多例如《冒失鬼》之类的闹剧及喜剧，1658 年莫里哀回到巴黎专心创作古典喜剧，他创作出《太太学堂》《伪君子》《唐·璜》等作品。

我们要学会用孩子思维思考问题，因为成人与孩子思维方式如此迥异，这正是孩子同成人无法彼此理解的原因。

——蒙台梭利

1622 年，杰出的大戏剧家莫里哀在巴黎诞生。其父亲约翰·波克兰是小有名气的室内装修商，可以说是中产阶级。其母亲玛丽出身于织毡匠家庭，有着良好的家教。莫里哀小时有些结巴，父母格外疼爱他，因此他从小被家里宠着，有些体弱。莫里哀从小就不喜欢待在家中，他非常好动并且喜欢热闹，经常去繁华的街头，人流聚集的地方，如同一个观察家那样，细心观看来来往往的人们，他常常在窗前凝望着来回穿梭叫卖的小商贩们。在他家附近有一座高楼，那里有一根柱子，柱子上雕刻着一群攀爬橘树的猴子，好动的莫里哀时常模仿这些猴子，做各种姿势和鬼脸，没多久，他就模仿得非常像了。莫里哀的父亲对他的这一举动非常不满，责备他说："你为什么像个戏子一样学习这些东西？"

在那时，演戏是一件比较丢人的事情，可是莫里哀的外祖父却有不同的看法，当外祖父见到莫里哀惟妙惟肖的精彩表演时，非常兴奋地说：

"这孩子天生就有观察模仿的能力，这可是成为优秀剧作家和演员首先要具备的条件啊！"

外祖父痴迷戏剧，他每周都要去剧院看戏，每次从剧院归来，他还会效仿剧中人的言行，极力模仿。外祖父的这种行为感染了小莫里哀，他也同外祖父一样模仿剧中人动作。也正是外祖父的影响，使得莫里哀还在孩童时期就爱上了戏剧。他常常独自一人去附近的多芬广场观看流浪艺人的表演。这些艺人一般都表演民间戏剧，剧中人有着夸张的语言和动作，常常引得观众一阵阵笑声。莫里哀在这些戏剧中获得无穷快乐，常常模仿他们的一举一动。

每逢周末，小莫里哀就请求外祖父带他去布尔高尼剧院看戏，这个剧院是由皇家演员剧团组成，因为外祖父与剧院主管有交情，剧院每次都为祖孙二人预留免费座位。很快，小莫里哀就痴迷于剧情当中，不管是悲剧还是喜剧，都令小莫里哀陶醉。这里的服饰是那么高贵典雅，剧中人身披大斗篷，说着长长的台词，贵妇人姗姗来迟。因为时常陪同外祖父看戏，小莫里哀从中得到许多收获，每当听到观众的掌声，就激动不已，甚至梦中也想着在演戏。

莫里哀的父亲希望儿子能接替父业，所以他对莫里哀的教育很用心。但对莫里哀来说，活泼有趣的戏剧远比忙碌单调的从商更有吸引力。由于外祖父的长期影响，莫里哀更加深了对戏剧的喜爱。莫里哀的父亲担心儿子不接替自己的事业，就劝告岳父：

"请您今后不要带孩子看戏剧了。难不成你希望他长大后成为一个戏子吗?"

外祖父不以为然:"这有什么问题吗?我倒是希望他长大后能成为著名演员。"

由于得到外祖父的支持,莫里哀越来越痴迷戏剧,他下定决心以后一定投身戏剧,成为优秀演员。为了能让儿子接替自己的事业,父亲将 13 岁的莫里哀送进法国最有名的教会学校,那里差不多都是贵族子弟。通过与这些贵族子弟接触,莫里哀细心留意他们的生活起居,这就为他日后的创作积累了大量的素材。同时,一有时间,莫里哀就同朋友们一起去看戏,在学习期间,他差不多将所有的戏剧都看了一遍。

父亲希望莫里哀在毕业后能接任自己的事业。因此很快就让他学习家业,莫里哀却有自己的一套想法,他常常编个理由偷跑出去,听著名的哲学家伽桑狄讲学。伽桑狄是位无神论者,他反对宗教迷信。莫里哀深受伽桑狄的影响。莫里哀的父亲没有按照儿子的意愿来,而是为儿子买个法学硕士的学位,他希望儿子能当律师,这有利于儿子接任自己的事业,因为法律硕士对从商有更大帮助,父亲忙于为儿子安排一切,莫里哀也努力学习法律知识,这对他以后的戏剧演出确实有很大帮助。但聪慧的莫里哀并没按照父亲预期的那样,他早就知道自己的兴趣所在,为自己的将来计划好了。1642 年 1 月,在法国南部,莫里哀结识了小有名气的柏扎尔小姐,她是流动的戏剧团的成员,有过人的演出才华。两人相见恨晚,莫里哀决心同她一起投身戏剧当中。当时,艺人被当成下等公民,他们通常没有固定的演出地,常常从一地流浪到另一地,同时,艺人们还遭到教会的歧视,死前不举行悔过仪式,死后连葬身之所都没有。而莫里哀生于富裕之家,让他过着戏子流浪下等的生活,是需要做出很大牺牲的。莫里哀决心投身戏剧,就告知父亲,信中写道,自己不愿经商,也不想当律师,希望父亲能将他应得的母亲的遗产送给他,他要用此来完成当演员的心愿。

父亲对此惊讶不止,不管他如何劝慰或是责备莫里哀,都无法改变莫里哀从事戏剧的决心,后来,莫里哀的坚持获得许多人的支持。1643 年他同几个青年组建"光耀剧团"成功地在巴黎演出。剧团共有 9 名成员,剧团管理极为严格，莫里哀将自己的所有钱财都放到剧团，从此，他成为一个真正的演员与剧团成员，开始了戏剧家生活。通过长期的努力，这个有叛逆思想的年轻人，冲破重重阻碍，成功演出众多戏剧。慢慢地，莫里哀成功了，他深受观众的喜爱，取得辉煌的成就，成为著名的大戏剧家。他一生创作许多经典喜剧，奠定了欧洲现代喜剧艺术的基础。

莫里哀语录

1. 名誉比生命宝贵。

2. 语言是赐予人类表达思想的工具。

3. 恶人也许会死去，但恶意却永远不会绝迹。

4. 爱情是一位伟大的导师，她教我们重新做人。

5. 我们的心智需要松弛，倘若不进行一些娱乐活动，精神就会垮掉。

6. 对于聪明人来说，劝告是多余的；对于愚昧人来说，劝告是不够的。

7. 遇见通情达理的人，我们当然感到趣味无穷；遇见怪诞不经的人，我只当散心取乐。

8. 谄媚者的艺术是：利用大人物的弱点，沿袭他们的错误，永不给予可能会使他烦恼的忠告。

9. 不害相思，幸福就没你的份。把爱情赶出了生活，你就赶走了欢乐。一帆风顺的爱情，其实寡味。

10. 规劝大多数人，没有比描画他们的过失更为见效的了，恶习变成人人的笑柄，对恶习就是重大的致命打击。

3. 牛顿外祖母的自我学习法

牛顿

（1642—1727）

（英国）

英国伟大的科学家牛顿 1642 年 12 月 25 日出生于英国乌尔索善的农民之家。1687 年，他发表的论文《自然哲学的数学原理》，奠定了此后三个世纪里物理世界的科学观点，并成为了现代工程学的基础。牛顿发现万有引力及力学定律。在力学上阐明了动量和角动量守恒的原理。在光学上，他发明了反射望远镜。在被调查的皇家学会院士和网民投票中，关于"谁是科学史上最有影响力的人"，他比阿尔伯特·爱因斯坦排名更靠前。

把简单的事情考虑得很复杂，可以发现新领域；把复杂的现象看得很简单，可以发现新定律。

——牛顿

1642 年，牛顿在英格兰林肯郡的小农家庭诞生。虽说那时他家比较富裕，但没多久，牛顿的父亲就离开了人世。

父亲去世后，母亲哈丽特·艾斯科因生活贫困而嫁给一位牧师。牛顿这时只有 3 岁，于是他居住在外祖母家。外祖母对牛顿寄予厚望，很重视对他的教育。如同很多伟大的科学家，小牛顿对所有的东西都十分好奇，常常询问外祖母各种问题。

外祖母特别疼爱这个孩子，只是面对孩子的问题却感到很吃力。一天晚上，小牛顿仰望星空，询问外祖母：

"为何月亮有圆有缺呢?"

"这是因为——"外祖母显然被问倒了，她对牛顿说，"孩子，我也不知道原因，要不明天我研究一下再告诉你吧。"

因此，外祖母借来很多天文方面的书籍，戴起她的老花镜开始研究了。这时，牛顿的母亲前来探望孩子，看见母亲正费力看书，很好奇："你这么费力做什么呢?"

"我在找答案呢，牛顿的问题我总是回答不上来，所以在学习呢。"

"你不理他不就行了。"

"哦，这不好，我不想让孩子失望，而且，在这过程中我也能学习到知识的。"

因此，外祖母总是亲自学习，知道后再告诉小牛顿。

一天，小牛顿又开始询问："外婆，镜子里怎么会有影子出现呢?"

这下又将外祖母问倒了。所以又戴上老花镜，开始翻阅大量书籍，但她找遍所有的书籍，却还是没有找到最终的答案，于是她告诉牛顿："孩子，我真的不知道该如何回答你的询问，因为书上没有答案，我认为，不如你自己寻找答案吧。"

因此，牛顿每天都在那镜子面前琢磨，他在镜子那绕来绕去，希望能够找到答案，偶尔陷入沉思当中。小牛顿心想："秘密肯定藏在镜子当中呢，否则我怎么能找不到呢?"

想到这里，小牛顿就寻找小锤子，敲打镜子。只听一声巨响，镜子瞬间被敲碎了。在碎片中，牛顿根本就没找到什么，看到镜子碎成一片，小牛顿惊呆了，不知该怎么办才好。外祖母听到响声，一看究竟，喊道："天啊，你做什么呢?"

"外祖母，我想寻找秘密，可是镜子里面什么秘密也没有。"小牛顿显然很沮丧。

外祖母知道后并没有责罚牛顿，而是抚摸着他的头说："你有没有受伤呢？那你最后找到答案了吗？"

牛顿摇一摇头，外祖母说："今后不管做什么事情都要多想想，一定不要冲动，知道了吗？"

牛顿的母亲知道这件事就想要责备牛顿，外祖母赶忙阻止道："一块镜子没什么大不了，这孩子有着浓厚的好奇心，以后肯定会有所成就的。"

外祖母的手非常灵巧，她觉得手工制作有助于开发孩子的智力，因此她常常教小牛顿制作手工玩具，用来帮助牛顿思考，外祖母觉得设计并构造手工艺品能够开启一个人的创造力，能够帮小牛顿养成积极进取勇于创造的能力。一天，她教小牛顿学做纸风车，小牛顿将纸和树枝拿来，又拿来一些小工具，开始聚精会神地按照外祖母的指导来做了。很快，小风车就做好了，虽说做得有些粗糙，但小牛顿看到自己亲手做成的小风车，特别高兴，而且风车使劲转动，小牛顿又开始思考了，他询问外祖母：

"为什么风车能够转动呢？"

"因为有风在吹动，风车就能够转动。"

"如果没有风的吹动呢？"

"那自然风车就无法转动了。"外祖母微笑着告诉他。

"那风是怎么来的呢？"牛顿仍然很好奇。

"哦，我要再学习一下，书上好像说过这个问题，只是我没记清楚。"外祖母翻书翻了一会说："孩子，空气流动才有了风。"

"那空气为何流动呢？"牛顿打破砂锅问到底。

"书中说，是因为空气中存在着高气压和低气压。"

"那什么是高气压，什么是低气压呢？"

外祖母思考片刻说："孩子，我也不知道该怎么告诉你，不过空气流动如同水的流动，水都是从高处流向低处的，空气也是这样的。"

牛顿仍然不懂，望着风车发呆。

之后，牛顿的思考派上了用场。当牛顿14岁时，母亲让他去农场里工作。她告诉牛顿说：

"孩子，你今天驾车帮我磨面去吧，咱家的面已经吃完了。"

"到哪里磨面去呢？"牛顿询问。

"是在十多公里外的另一个村庄，那里有水力磨面的机器，你将食物带上，没准人太多要排队等候呢。"

等了好半天，母亲出来，看到牛顿同一个木匠忙碌着，就忍不住责怪他："你怎么还不赶快磨面去呢，在这里做什么？"

"待会你就知道了。"牛顿说，"我马上就能将面磨好了。"经过牛顿和木匠的努力，他们没多久就将大风车——牛顿的风力磨面机做好了。牛顿的风车放在房顶上，可以转动，这样一来，农庄中的人再也不用去很远的地方磨面了。他发明的磨面机受到人们的欢迎。

由于受到外祖母的启发，牛顿在创作器具以及机械制造方面表现出过人的天赋，他的视野更加开阔，他渐渐养成了具有创造性思维以及勤恳的性格。牛顿总能发明很多小创作，这让他非常高兴。入学后的牛顿仍做出很多小发明。他总是随身携带小锯、小斧子、锤子以及其他工具，高兴地为同学们做小手艺。一次，他发明一种风筝，特别善于飞翔，这让同学们非常敬佩。之后，他又发明一个纸质灯笼放在风筝下面，并在晚上放风筝，当时人们还以为那是彗星呢。

在外祖母的教育下，牛顿获得一定的成绩。牛顿曾研发出磨、水钟以及能够容纳一个人的马车。他还用近乎完美的比例以及样式研究出一个晷，能够计时长达几年，至今还存放在剑桥博物馆。他发明一个滴水钟，靠着滴水从而操控木块升降，这样的力度来带动指钟，可放到卧室中使用。他发明的马车共有四个轮子，坐车人操纵手柄，从而控制马车。从这些小发明上就能看出牛顿在机器器皿方面所具有的过人天赋。

牛顿在制作手工艺品的同时，也阅读了很多数学、光学、力学、天文以及其他哲学书籍，这样，他的视野更为开阔，思维更加活跃。他特别痴迷地钻研近代科技革命之后的很多科学发现，而且使用实验以及数学计算的方式检验前人的结论。他一边学习一边记笔记，将自己的心得体会都记载下来。他还对数学方面的很多小问题都细心研究，慢慢积累下来，最终发明了微积分。正因为外祖母的独特教育方式，将牛顿培养成懂得思考学会动手实践的人，为他日后重视科学实验的工作态度打下坚实的基础，最终帮他走上科学之路，成为举世瞩目的科学家。

牛顿语录

1. 如果说我看得远，那是因为我站在巨人们的肩上。

2. 无知识的热心，犹如在黑暗中远征。

3. 你该将名誉作为你最高人格的标志。

4. 我的成就，当归功于精微的思索。

5. 你若想获得知识，你该下苦功；你若想获得食物，你该下苦功；你若想得到快乐，你也该下苦功，因为辛苦是获得一切的定律。

6. 聪明人之所以不会成功，是由于他们缺乏坚韧的毅力。

7. 胜利者往往是从坚持最后五分钟的时间中得来成功。

8. 我不知道世人怎样看我，但我自己以为我不过像一个在海边玩耍的孩子，不时为发现比寻常更为美丽的一块卵石或一片贝壳而沾沾自喜，至于展现在我面前的浩瀚的真理海洋，却全然没有发现。

9. 我始终把思考的主题像一幅画般摆在面前，再一点一线地去勾勒，直到整幅画慢慢地凸显出来。这需要长期的安静与不断的默想。

10. 每一个目标，我都要它停留在我眼前，从第一线曙光初现开始，一直保留，慢慢展开，直到整个大地一片光明为止。

11. 真理的大海，让未发现的一切事物躺卧在我的眼前，任我去探寻。

12. 把简单的事情考虑得很复杂，可以发现新领域；把复杂的现象看得很简单，可以发现新定律。

13. 没有大胆的猜测就做不出伟大的发现。

14. 如果说我对世界有些微贡献的话，那不是由于别的，而是由于我的辛勤耐久的思索所致。

15. 大学里绝不会教你如何生存；同样道理，大学教授也和我们一样，简直对这事一无所知。

16. 谦虚对于优点犹如图画中的阴影，会使之更加有力，更加突出。

17. 愉快的生活是由愉快的思想造成的。

----

4. 卢梭舅母的严厉管教法

卢梭

（1712—1778）

（法国）

18 世纪法国伟大的启蒙思想家卢梭，于 1712 年 6 月诞生在日内瓦钟表匠之家。他的论文《科学和艺术的进步对改良风俗是否有益》及《论人类不平等的起源与基础》奠定了他在哲学史上的地位。卢梭的《社会契约论》中有关人民主权及民主政治哲学思想深刻影响了启蒙运动、法国大革命和现代政治、哲学和教育思想。

在文学方面，他创作的著名的作品《新洛绮丝》《民约论》《爱弥儿》《忏悔录》，也深深影响着后世。

我们要尽量避免让孩子沾染到父母的缺点，以免他们在日后成长过程中受到影响。

——卡尔·威特

1712 年 6 月，让·雅克·卢梭在瑞士"日内瓦城市共和国"出生了，这是个贫苦人家，父亲伊萨克·卢梭，靠修钟表为生，母亲名叫苏莎娜·贝纳尔，全家都是日内瓦人，生活来源全靠伊萨克修表。卢梭的母亲是贝纳尔牧师的亲戚，为人聪慧漂亮，有良好的家教。对绘画、唱歌很是精通，还会弹竖琴。母亲学识很广，又能创作美丽的诗歌。

卢梭母亲对他的教育，始于腹中。不幸的是，当卢梭出生后，母亲就去世了。后来，卢梭在《忏悔录》中写道："因为我的出生，母亲却离开了人世。我来到人世是我很多不幸中的头一个。"卢梭还在幼儿阶段便缺失了母爱。幸好，在母亲腹中的卢梭已经感受到母亲的疼爱与教育。

苏莎娜在孕育卢梭的时候，丈夫伊萨克在遥远的君士坦丁堡做御用钟表匠。于是，苏莎娜内心对丈夫的牵挂与思念全都转化到对腹中孩子身上。因为平时无事可做，每逢想念丈夫，她就会唱些伤感的歌曲，或是读些相思的诗歌。一次，她在唱这些诗歌的时候，哥哥来看望她，他知道妹妹已经怀有身孕，就告诫她说：

"你以后不能唱像这样伤感的歌曲了。"

"哥哥，怎么了？我要用歌声来排泄内心的抑郁，有什么问题吗？""是的，你要知道，当你唱歌时，你肚子里的宝宝也能够听见，你的歌声如此伤感，孩子会感受到的。"

"难道腹中的胎儿也能听到我的歌声吗？"苏莎娜非常吃惊。

"是的，我曾在书中看到过，书中写到腹中的胎儿对外界感知能力特别强，这时要给孩子积极的影响，最好避免消极情绪感染到他。从这时就应该对孩子进行教育。"

"在腹中的胎儿就要进行教育？"苏莎娜有些半信半疑，她说，"能有效果吗？"

在当时，人们还不太了解胎教的概念，但聪慧的苏莎娜最终还是听从了哥哥的建议。她之后再不唱伤感的歌曲，而是精心挑选韵律柔美的歌曲来歌唱，偶尔还弹竖琴演奏。

与此同时，为了能将消极情绪排泄出去，时刻使自己内心舒畅，苏莎娜请人将自己的房间墙壁刷上淡粉色。因为她对绘画很精通，知道颜色能够影响人们的心情，为此，她将房间的光线变得柔和许多，而且还摆放许多令人愉悦的手工艺品。每天下午她都会高声朗诵优美的诗篇，很多首诗歌她反复朗诵许多遍。

然而令人遗憾的是，因为她在孕期不注重体育锻炼，因而当孩子出生后，就去世了。卢梭因为缺乏母爱，每天不分昼夜地哭闹，可是当舅母为他哼唱母亲常给他哼唱的歌曲时，他就会安静下来，似乎陷入思考当中，可能是这首曲子让他觉得很熟悉和亲切吧。直到晚年，卢梭还能清楚地记得这首曲子，这也是他对母亲的唯一怀念了。

卢梭的父亲伊萨克是位优秀的钟表师，全家都靠他修表手艺维持生计。妻子去世，伊萨克特别伤心，总是悲伤地同卢梭谈及他的母亲，他很喜欢喝酒，正因如此，他的脾气变得很糟糕，总爱时不时地打骂家人。

在卢梭的家里，还有一位比他大7岁的哥哥弗兰克，同父亲一起学习修钟表。因为卢梭是母亲生命换来的，伊萨克很喜爱卢梭，对弗兰克就经常打骂。因为父亲的长期打骂，弗兰克对人生充满了悲观，他开始自甘堕落，最终离家出走，而且从未给家中寄过信件，没人知道他最终去了哪里，也无从打探他的消息。这样，卢梭就成了家中唯一的孩子。

因为卢梭的父亲很喜欢读书，这样小卢梭也受其影响。卢梭的母亲生前有很多小说。每天晚饭过后，父子俩就开始了读书的时光。一般而言，他们总是一口气将一本书读完，常常一读就是一夜，直到天亮后，父亲才让卢梭休息睡觉。

有了这种长期的读书时光，卢梭的阅读视野大大扩展了，可是粗心的父亲没有关注孩子看什么书，也没有想到阅读一些书籍对孩子的影响如何，因此小卢梭接触了很多他那个年龄不应该阅读的情欲方面的书籍，养成了多情的性格，这影响到他的一生。

卢梭慢慢长大，父亲的其他不良性格对卢梭的影响也表露出来。卢梭也喜欢酗酒，脾气暴躁，常常无故发火。还有其他不良习惯，比如多嘴，贪吃，爱说谎话，又爱捉弄人，有时还对邻居家孩子大打出手，这些常令卢梭的父亲很是犯愁。他弄不懂，为何疼爱的孩子成了让人讨厌的家伙。

父亲认为不能再这样下去了，因此向卢梭的舅母请教，他很烦躁地说：

"这孩子有很多不良习惯，真不知为什么就这样了？"

卢梭的舅母长叹了一声，说："这不都是跟你学的吗？"

"我该怎么办才好呢？"

"就让孩子住在我们家吧，没准能使他改过。"

可是卢梭的父亲心疼孩子，不愿离开孩子。然而没多久，一次意外事故最终将卢梭的命运改变了。他的父亲因酒后与法国军官起了冲突，军官就诬陷他对自己酒后行凶，想使他入狱。按照法律程序，伊萨克也请求原告同他入狱，没想到他的请求没得到允许，因此，伊萨克为了自由远离了日内瓦。父亲走后，舅舅贝纳尔成了他的监护人。

因为这次意外，使得卢梭与父亲分开了，而开始了被舅母教育的生活。舅母很严格地管教卢梭，因为卢梭总是爱闯祸，所以舅母每天都让他在家中学习，几乎不让他出去玩耍。有了舅母的严厉管教，卢梭得以阅读很多书籍，这样，他在父亲教育下养成的阅读习惯继续下来了。

当卢梭 7 岁时，他就将母亲遗留下来的所有书籍都读过了，于是开始借外祖父的书籍。外祖父是位博学多识的牧师，家中藏有很多经典书籍，例如奥维德的《变形记》、普卢塔克的《名人传》以及莫里哀的巨著。这些书籍对卢梭的一生有着巨大的影响，他对这些书籍特别喜爱，尤其是普卢塔克的《名人传》，总是令卢梭爱不释手。每当读到希腊以及罗马英雄的丰功伟绩时，他都兴奋不已。这些英雄的伟大形象让他也成为崇尚自由、不喜欢束缚的人。

丰富的阅读以及舅母的严加管教，最终让卢梭养成既自尊又软弱的性格，而这在刚柔之间徘徊的矛盾性格，让他慢慢克服掉父亲对他的不良影响。但有些糟糕的习惯根植于卢梭的内心深处，需要他花更长的时间和精力来征服。通过卢梭的《忏悔录》，我们可以得知，他差不多耗其一生，都在努力改正儿时养成的不良习惯。

卢梭语录

1. 无论就男性或女性来说，我认为实际上只能划分为两类人：有思想的人和没有思想的人，其所以有这种区别，差不多完全要归因于教育。

2. 我们栽培草木，使它长成一定的样子，我们教育人，使他具有一定的才能。

3. 有些职业是这样的高尚，以致一个人如果是为了金钱而从事这些职业的话，就不能不说他是不配这些职业的；军人所从事的，就是这样的职业；教师所从事的，就是这样的职业。

4. 在敢于担当培养一个人的任务之前，自己就必须要造就成一个人，自己就必须是一个值得推崇的模范。

5. 在人的生活中最主要的是劳动训练。没有劳动就不可能有正常的人的生活。

6. 劳动是社会中每个人不可避免的义务。

7. 装饰对于德行也同样是格格不入的，因为德行是灵魂的力量和生气。

8. 我深信只有有道德的公民才能向自己的祖国致以可被接受的敬礼。

9. 奢侈的必然后果——风化的解体——反过来又引起了趣味的腐化。

10. 向他的头脑中灌输真理，只是为了保证他不在心中装填谬误。

11. 教育的最大的秘诀是：使身体锻炼互相调剂。

12. 伟大的人是绝不会滥用他们的优点的，他们看出他们超过别人的地方，并且意识到这一点，然而绝不会因此就不谦虚。他们的过人之处越多，就越认识到他们的不足。

13. 最盲目的服从乃是奴隶们所仅存的唯一美德。

14. 我们手里的金钱是保持自由的一种工具。

15. 社会就是书，事实就是教材。

16. 家庭生活的乐趣是抵抗坏风气的毒害的最好良剂。

17. 做老师的只要有一次向学生撒谎撒漏了底，就可能使他的全部教育成果从此为之毁灭。

18. 做老师的人经常在那里假装一副师长的尊严样子，企图让学生把他看作一个十全十美的完人。这个做法的效果适得其反。他们怎么不明白，正是因为他们想树立他们的威信，他们才反而摧毁了他们的威信。

19. 问题不在于教他各种学问，而在于培养他有爱好学问的兴趣，而且在这种兴趣充分增长起来的时候，教他以研究学问的方法。

20. 经过细心培养的青年人易于感受的第一个情感，不是爱情而是友谊。

21. 虚弱的身体使精神也跟着衰弱。

22. 为了学会思想，就需要锻炼我们的四肢，我们的感觉和各种器官，因为它们就是我们的智慧的工具；为了尽量地利用这些工具，就必须使提供这些工具的身体十分强健。所以人类真正的理解力不仅不是脱离身体而独立形成的，而是有了良好的体格才能使人的思想敏锐和正确。

23. 人的教育在他出生的时候就开始了，在能够说话和听别人说话以前，他已经就受到教育了。

24. 真诚的爱情的结合是一切结合中最纯洁的。

25. 我一向认为，只有把善付诸行动才称得上是美的。

26. 从我们心中夺走对美的爱，也就夺走了生活的全部魅力。

27. 普通而抽象的思想是人类铸成大错的根源。

28. 青年期是增长才智的时期，老年期则是运用才智的时期。

5. 华盛顿父亲的诚实教育法

华盛顿

（1732—1799）

（美国）

美国的首任总统乔治·华盛顿生于 1732 年 2 月 22 日，出生在弗吉尼亚的一个农场主家庭。曾担任美国独立战争大陆军总司令，之后担任美国首任总统并连任两届。1796 年，在总统大选即将开始之前，华盛顿发表《告别辞》，态度坚决地拒绝连任三届美国总统。他扮演了美国独立战争和建国中最重要的角色，因此被尊称为美国国父，被学者们称作美国历史上最伟大的总统之一。

当你有暇和别人交往时，一定要结交你所在地方的最佳伙伴。这样做，在闲余时间，能使你的言谈举止经常受到熏陶，性情也得到陶冶。而且，结交良朋益友，总不会像结交酒肉朋友那样花钱。

——华盛顿

他身为美国首任总统，这个美利坚合众国的开拓者因他的人格魅力及过人的智慧得到人民的尊敬与喜爱。乔治·华盛顿是所有美国总统中唯一的一个没有大学文凭之人，但是他总是能抓住任何一个学习机会，凭借自身努力，获得成功之人必备的知识和能力，终于成了一个有极强人格魅力的领袖。1732 年，华盛顿在美国弗吉尼亚州的一个农场诞生了。其父奥古斯丁·华盛顿是位学识渊博的农场主，他对儿子的教育很是重视，他主张，孩子还处于年幼时期就应多学习一门外语，因为这时的孩子正处于语言敏感期，学语言相对简单些。因此虽然华盛顿很小，但他专门为华盛顿请了一位教拉丁文的家庭教师。

拉丁文被认为是很深奥的语言，小华盛顿学习起来很费力又感到乏味无趣，很快就不愿意学习了。因为父亲忙于农场的工作，因此平时都是母亲玛丽来检查小华盛顿的学习的。每天，母亲都要询问华盛顿的学习情况，因为华盛顿早就厌倦学习拉丁文，因而基本上什么也不会，但小华盛顿很机灵，他自有应付母亲的办法。

一天，母亲像往常一样询问小华盛顿：

"老师今天教你的内容你都掌握了吗？"

"已经掌握了。"小华盛顿随口而出。

"那你对妈妈说几句拉丁文，好吗？"

"好的。"小华盛顿脱口而出，说了几句。

看着儿子能这么流利地说拉丁文，母亲很欣慰，对小华盛顿说："你都学习这么长时间了，赶紧出去玩会儿吧。"

小华盛顿正打算离开，却听见有人说："等会儿，先不要出去玩。"

小华盛顿扭头一看，原来是父亲对他说话呢，他没有注意到父亲是什么时候进来的，显然，父亲听到他和母亲的对话，此刻正怒视着他："刚才你说的那句拉丁文，再给我重复一遍。"

小华盛顿很害怕，因为刚才他并没有说真正的拉丁文，而是用来蒙蔽母亲，随意编造的，他自己都不知道说的是什么意思。他知道，这最多能骗过母亲，根本不能骗过懂得拉丁文的父亲。小华盛顿呆坐在那里，一言不发。

"说吧，"父亲怒喝道，"没想到，你这么小就知道怎么骗人了。"父亲发火了，过来痛打华盛顿。

母亲玛丽知道原来都是小华盛顿在骗她，忍不住流出眼泪。但她还是试着阻止发怒的丈夫，将小华盛顿搂到怀中，避免丈夫伤到他。望着母亲伤心的样子，小华盛顿也哭了：

"妈妈，我今后一定不会骗人了。"母亲替小华盛顿擦去眼泪，点头对他说："孩子，你要记住，一定要做个诚实的人，这样才能有所作为。"

小华盛顿时刻牢记母亲的教诲，从此以后再也没说过谎话。

还有一件关于小华盛顿的家喻户晓的故事。华盛顿的父亲奥古斯丁很懂得生活品位，喜爱花草，在家中的院子栽种几棵樱桃树，每天都乐此不疲地为它们浇水。由于有了奥古斯丁的精心照顾，那几棵樱桃树越发繁茂。一天，父亲又去农场工作，小华盛顿在院中玩耍，他看到几棵樱桃树，心里很纳闷：

"父亲刚栽种樱桃树时，高度和我差不多，可是为什么它们很快就长得这么高了呢？"

小华盛顿围着那几棵樱桃树冥思苦想，最终想到了，肯定是樱桃树里有魔法，如果我能得到那个魔法，不就和它长得一样高了吗？想到这里，小华盛顿高兴得跳了起来，马上从屋里寻到一把斧头，对着那棵最高的樱桃树砍了下去，只听"咔嚓"一声巨响，樱桃树被砍断了。小华盛顿围着砍断的樱桃树枝干前仔细寻找，一身疲惫，最后也没有找到什么，小华盛顿这才罢休。可是，他又想到：现在把树砍倒了，又没有找到魔法，父亲知道后肯定会生气的，我该这么办才好啊。他急得团团转，想着，我最好撒个谎，父亲询问就说不知道是谁弄的。傍晚时分，父亲回家了，他像往常一样准备去院子为樱桃树浇水，小华盛顿看到父亲走到院中，特别害怕。果然，父亲大发脾气，手拿砍断的树枝，大喊道：

"到底是谁砍了我的樱桃树？是谁？我一定要揪下他的脖子。"

听到奥古斯丁的大喊，全家都跑过来，他们都说不是自己弄的。这时，小华盛顿想到母亲的话，心想："我要成为诚实的孩子，不能把责任推到别人身上。"于是，他告诉父亲：

"爸爸，樱桃树是我砍的。"

父亲很生气，想痛打他一顿。看到父亲这样生气，小华盛顿说："爸爸，我将实话告诉你，并没说谎话。"

找到罪魁祸首，奥古斯丁冷静下来，他对华盛顿说：

"孩子，爸爸不想惩罚你，爸爸知道诚实的价值要比这棵樱桃树贵重万分。"

奥古斯丁又抚摸着华盛顿的头，说："那你告诉爸爸，你为何要砍掉樱桃树呢?"

于是，小华盛顿就告诉父亲自己砍掉樱桃树的前因后果。听完这些，奥古斯丁笑着说："孩子，你身上具有最优秀的品德，那就是诚实，勇于认错，这实在太珍贵了!"

当华盛顿可以上学时，父亲将他送进当地最好的学堂读书，这种学堂被人们称为"老式学堂"，在学堂只有一些写字、计算等简易课程。因父亲有着良好的教养，小华盛顿在家庭生活中就得到较好的智力和品德培养。由于父亲的不断鼓励，小华盛顿不断磨砺并完善自我，逐渐养成优良的品德。但令人遗憾的是，父亲对他的良好教育没能继续下去，1743 年 4 月 12 日，奥古斯丁因腹痛，很快就离开了人世，当时小华盛顿年仅 11 岁。

后来，母亲负责教育小华盛顿，华盛顿很敬畏母亲。母亲深明大义，做事果断，治家严谨，性格和蔼。母亲的言行深刻地影响着小华盛顿。母亲发觉小华盛顿时常发火，就告诫华盛顿说：

"孩子，你要心平气和，不管碰到什么事情，都不要随便发脾气，因为发脾气只能让事情越来越难办。"

"妈妈，我懂得，只是我管不住自己的脾气。"

"你要一点点改正，我知道你肯定能控制住自己的脾气的。"

之后，华盛顿听从母亲的建议，努力规范言行。母亲的言传身教使小华盛顿知道，他要学会控制情绪，要平等地对待每一个人，做事公正。通过长期努力，母亲的教育潜移默化地完善了小华盛顿的性格。

当华盛顿步入社会，他时刻记得父母的教育，总是严格要求自己。不管遇到多大困难，面临多难解决的问题，华盛顿都不会愁眉苦脸的，他总能用一颗平静又诚恳的心来处理所有的事务，直到将事情解决。同他交往过的人都说，他似乎有一种能保持平和的神奇力量，其实，这种神奇的力量是他在孩童时期养成的品格，而这种品格为他的伟大事业作出巨大贡献，为他开创很多奇迹，最终小华盛顿获得全美国人民甚至全世界人民的爱戴。

乔治·华盛顿语录

1. 不要承担你完成不了的事，但一定要信守诺言。

2. 人世间的任何境遇都有其优点和乐趣，只要我们愿意接受现实。

3. 让孩子感到家庭是世界上最幸福的地方，这是以往有涵养的大人明智的做法。这种美妙的家庭情感，在我看来，和大人赠给孩子们的那些最精致的礼物一样珍贵。

4. 我希望我将具有足够的坚定性和美德，借以保持所有称号中，我认为最值得美慕的称号：一个诚实的人。

5. 当你有暇和别人交往时，一定要结交你所在地方的最佳伙伴。这样做，在闲余时间，能使你的言谈举止经常受到熏陶，性情也得到陶冶。而且，结交良朋益友，总不会像结交酒肉朋友那样花钱。

6. 在每个国家，知识都是公共幸福的最可靠的基础。

7. 真正的友谊，是一株成长缓慢的植物。如果自由流于放纵，专制的魔鬼就乘机侵入。

8. 友情像一棵树木，要慢慢地栽培，才能长成真的友谊，要经过困难考验，才可友谊永固。

9. 国家之前进在于人人勤奋、奋发、向上，正如国家之衰落由于人人懒惰、自私、堕落。

10. 衡量朋友的真正标准是行为而不是言语；那些表面上说尽好话的人实际上离这个标准正远。

11. 我对于我们自己内部的倾轧，比对敌人在算计我们，还觉得可怕。

6. 歌德母亲的劳逸结合法

歌德

（1749——1832）

（德国）

1749 年 8 月 28 日，德国的大文豪约翰·沃尔夫冈·歌德诞生于德国法兰克福的富裕人家。歌德在各方面都深有造诣。比如诗歌、戏剧、散文、自然科学、博物学等。代表作有诗剧《普罗米修斯》，剧本《葛兹·冯·伯利欣根》，书信体小说《少年维特之烦恼》等。歌德在晚年创作了他最具代表的诗剧《浮士德》。

我们虽可以靠父母和亲戚的庇护而成长，依赖兄弟和好友，借交友的扶助，因爱人而得到幸福，但是无论怎样，归根结底人类还是依赖自己。

——歌德

德国著名诗人歌德幼年时期不好好学习，父母为此想了很多办法。

1749 年，歌德诞生于德国的法兰克福，父亲是法学博士，年仅 33 岁就成了皇家顾问，母亲卡塔琳娜·伊丽莎书香门第出身，父亲是法兰克福市长。歌德母亲同生活严谨、甚至有些呆板的丈夫不一样，她乐观开朗、精明能干、富有想象，很会讲故事。她一共生过 6 个孩子，只有歌德及妹妹科内利娅存活。所以母亲很溺爱歌德。小歌德从小衣来伸手饭来张口，不喜欢学习，每天很少在家里，喜欢去外面跟小伙伴们玩耍。母亲对此很是忧心，她对丈夫说：

"孩子都已经5岁了，可是每天都这么贪玩，我们应该管教一下。"

歌德的父亲却说："孩子生性就喜欢玩耍，如果我们不让他现在玩，长大了就没机会玩了。"

歌德母亲很贤惠，没说什么，但心里仍替小歌德担心。她等待机会想要说服歌德的父亲。一天，小歌德哭着从外面跑回来，身上满是土，又擦破了手掌，流出血了。母亲赶忙为他包扎好，又换身干净衣服。经过多次询问，母亲才知道，原来小歌德同朋友们玩耍时，因为争抢玩具而打架，被推倒在地。

到了晚上，歌德的父亲回来了，母亲就对他说："我们不能任由小歌德这样玩下去了。今天他跟小朋友打起架来，手都被擦伤了。""小孩子打架，不要紧的，这是小事一桩嘛。"丈夫满不在乎地说。

歌德的母亲说："这件事不那么简单，如果任由他和那些野孩子们疯玩，就会沾染许多坏习惯，即使以后想改，也会费很大力气的。那不就耽误了孩子的将来吗？"

丈夫最终被说服了，他说："那好吧，以后不要让他跟那些小孩子玩耍了，可是我工作特别忙碌，哪有空教育他，以后就交给你吧。"

妻子说："这个没问题，我知道该如何教育孩子。"

从此，歌德的母亲再也不让小歌德去外面玩耍了，而是每天陪他学习，教他写字，背诵诗歌。除了书法、绘画、音乐等少数课程请了家庭教师外，歌德其他方面的教育都由母亲负责。母亲是个学识渊博又很称职的老师，她受过德国高等教育，教导自己的孩子要学会勤奋、坚强和努力。正是这样，小歌德基本学会了读写，了解母亲所教的内容。可是由于小歌德已经形成贪玩的习惯，慢慢地他不想待在家中，因此学习起来也缺乏积极性。没写几个字，就跟母亲说：

"妈妈，我想出去玩一会儿。"

母亲微笑着说："好的，不过首先你要背会这首诗，我才同意让你出去玩。"

没有其他办法，小歌德只好努力背诵诗歌了。由于特别想出去玩，因此背诵起来很用心。没多久就全都背会了。他告诉母亲："妈妈，我已经会背这首诗了，就让我出去玩吧。"

母亲笑着说："噢，为什么今天背得这么快，以前可是很长时间都背不下来的，你给妈妈背一遍吧。"

于是小歌德背诵一遍诗歌，没有一处背错。

"好了，你可以出去玩了，只是只有两个小时的玩耍时间，并且不能跟以前的小伙伴玩耍，知道了吗?"

小歌德一口答应，就跑出去玩了。

女佣看见小歌德又跑出去了，觉得很奇怪，就询问歌德的母亲："夫人，您不是不希望他去外面玩吗? 为什么又让他出去玩了?"

"孩子习惯去外面玩了，想让他学习，要循序渐进，不能太心急，否则就会有反效果。"

正是因为母亲的严格管教，歌德能够背诵好多诗篇，只是还不愿将心思放到学习上。每天都想着如何去玩。所以母亲就提前将他送入学校。在学校读书时，歌德还是不专心学习，总想着如何能逃学，去野外玩耍。学校的老师向歌德母亲抱怨："夫人，您的孩子的确很聪慧，只是他将这点表现在想尽办法逃学上，而不是放在学习上。"

母亲冥思苦想，终于想出个教育孩子的好方法。一个周末，母亲跟小歌德说:

"妈妈今天带你去外面玩，好吗?"

小歌德兴奋地说："太好了，我也想要出去玩。"母亲带着小歌德，来到不远处的教堂前。教堂周围被围得水泄不通，小歌德最喜欢热闹，非要拉着母亲也挤进去一看究竟。只见一个与歌德年纪相仿的小孩坐在地上，衣着很破旧，面前摆着一只向人们乞讨的破碗。孩子的碗中并没有多少钱，很多人只是看了一眼就走了。母亲从衣袋中拿出一个硬币，让歌德放到小孩子碗中。

小歌德放好后，母亲询问那个小孩子："你怎么不去上学呢?"

小孩子望着歌德的母亲说："夫人，我没有上学的钱。"

"你的父母在哪儿呢？难道他们不照顾你吗？"

"我父亲已经去世了，妈妈体弱多病，无力挣钱。"

"你想不想上学呢？"

"当然想了，我在这里，就是希望能够凑够钱，然后上学去。"

"那你凑够上学的钱了吗？"母亲又询问。

小孩子摇了摇头，情绪非常低落。歌德的母亲想了一下，就告诉小孩："你住在哪里呢？你将家里的地址告诉我，好吗？"

母亲将小孩家地址记下后就同歌德一块回去了。回家路上，小歌德低着头，沉默不言，母亲很好奇：

"孩子，你怎么了？"

"妈妈，幸好咱们家并不贫穷。那个孩子家庭很贫困，想上学都不能如愿。"

"是啊，这个世上有很多的小朋友希望能够读书，却没有读书的机会。现在你有这个条件却不懂得珍惜，每天都想着逃学出去玩。"

"妈妈，我知道错了，今后我肯定努力学习的。"小歌德有些悔过。

"嗯，这样就好，你一定要珍惜学习的机会，从今天起，就不要逃学了。"

"我知道了，妈妈，对了，那个贫穷的小孩子，咱们可以帮他吗？"小歌德询问。

"嗯，妈妈会帮助他的，我知道他家的地址了，明天就让人去他家了解一下情况，如果他真的很贫困的话，妈妈会为他提供上学的钱的。"经过母亲的用心指引，小歌德一改从前的态度，开始努力学习。他学习的内容特别广泛，不但完成学校的学习任务，还刻苦钻研古代神话、历史以及宗教，他又读了许多当时德国著名诗人的名作，极为喜爱韵文和诗歌。并且他还阅读许多文学名著和民间故事。例如古罗马诗人奥维德的《变形记》、英国作家笛福的《鲁滨孙漂流记》等等。歌德很喜欢想象瑰丽的作品。因为涉猎广泛，诗神也常来光顾。歌德尝试创作即兴诗、散文以及戏剧。之后他又开始创作散文体的叙事诗，歌德认为这是能够综合所学的历史和寓言、神话和宗教的矛盾的最好的文体。由于坚持不懈的努力，歌德最终完成了巨著《浮士德》的创作，成为世界级的文学巨匠。

歌德语录

1. 谁要游戏人生，他就一事无成，谁不能主宰自己，永远是一个奴隶。

2. 我们为祖国服务，也不能都采用同一方式，每个人应该按照资禀，各尽所能。

3. 你若要喜爱你自己的价值，你就得给世界创造价值。

4. 在今天和明天之间，有一段很长的时间；趁你还有精神的时候，学习迅速办事。

5. 文学的衰落表明一个民族的衰落。这两者走下坡路的时间是齐头并进的。

6. 任何人都不笨滞，如果你不利用你的大脑你会发觉你很笨！

7. 谁是最幸福的人？乃是能感到他人的功绩、视他人之乐如自己之乐的人。

8. 最大的幸福在于我们的缺点得到纠正，我们的错误得到补救。

9. 能把自己生命的终点和起点联结起来的人，是最幸福的人。

10. 对别人述说自己，这是一种天性；因此，认真对待别人向你述说他自己的事，这是一种教养。

11. 真正的志同道合者不可能长久地争吵，他们总会重新言好的。

12. 只要你告诉我，你交的是些什么样的人，我就能说出，你是什么人。

13. 友谊只能在实践中产生并在实践中得到保持。

14. 知道危险而不说的人，是敌人。

15. 人应该有爱好真理、一见真理就采纳它那样的心灵。

16. 错误同真理的关系，就像睡梦同清醒的关系一样。一个人从错误中醒来，就会以新的力量走向真理。

17. 在蠢人感到人生困难的时候，贤人看起来容易；而当蠢人感到容易的时候，贤者就感到困难。

18. 人生一世不就是为了化短暂的事物为永久的吗？要做到这一步，就须懂得如何珍视这短暂和永久。

19. 虽然人人都企求得很多，但所需要的却是微乎其微。因为人生是短暂的，人的命运是有限的。

20. 凡不是就着泪水吃过面包的人是不懂得人生之味的人。

21. 一个人无论往哪里走，无论从事什么事业，他终将回到本性指给的路上。

22. 生活也好，自由也好，都要天天去赢取，这才有资格去享有它。只有这样的人才配生活和自由，假如他每天为之而奋斗。

23. 斗争是掌握本领的学校，挫折是通向真理的桥梁。

24. 对真理的热爱就体现在：知道怎样去发现和珍惜每一件事物的好处。

25. 我们对于真理必须经常反复地说，因为错误也有人在反复地宣传，并且不是个别的人而是有大批的人宣传。

26. 谁接受纯粹的经验并且按照它去行动，谁就有足够的真理。

27. 知识的历史犹如一支伟大的复音曲，在这支曲子里依次响起各民族的声音。

28. 世界上有许多既美好又出类拔萃的事物，可是它们却各不相依。

29. 我们虽可以靠父母和亲戚的庇护而成长，依赖兄弟和好友，借交友的扶助，因爱人而得到幸福，但是无论怎样，归根结底人类还是依赖自己。

30. 今天做不成的，明天也不会做好。一天也不能虚度，要下决心把可能的事情，一把抓住而紧紧抱住，有决心就不会任其逃去，而且必然要贯彻实行。

31. 一个钟头有六十分钟，一天就超过了一千分钟。明白这个道理后，就知道人可作出多少贡献。

32. 事业是一切，名号只是虚声。

33. 劳动可以使我们摆脱三大灾祸：寂寞、恶习、贫困。

34. 只要我们能善用时间，就永远不愁时间不够用。

35. 要做一番伟大的事业，总得在青年时代开始。

36. 关键在于要有一颗爱真理的心灵，随时随地地碰见真理，就把它吸收进来。

37. 把前人获得的零星的真理找出来进一步加以发展，就是当之无愧理应受到奖赏的功劳。

38. 聪明的年轻人以为，如果承认已经被别人承认过的真理，就会使自己丧失独创性，这是极大的错误。

39. 真理是一支火炬，而且是一支极大的火炬，所以当我们怀着生怕被它烧着的恐惧心情企图从它旁边走过去的时候，连眼睛也难以睁开。

40. 看出错误比发现真理要容易得多；因为谬误是在明处，也是可以克服的；而真理则藏在深处，并且不是任何人都能发现它。

41. 事业最要紧，名誉是空言。

----

7. 莫扎特父母教育孩子学无止境

莫扎特

（1756—1791）

（奥地利）

　　奥地利优秀的作曲家莫扎特，生于萨尔茨堡城的宫廷乐师之家。他在少年时期就表现出过人的才能。他的协奏曲、交响曲、奏鸣曲、小夜曲、嬉游曲等获得很高的评价，无疑是一个天分极高的艺术家。他创作的作品特别多，代表的歌剧作品有《费加罗婚礼》《唐·璜》《魔笛》，交响乐有《降 E 调第 39 号交响曲》《帝王》《G 小调第 40 号交响曲》《C 大调第 41 号交响曲》《丘比特》等。

　　当孩子正处于敏感时期而没对他进行敏感教育，那么，他很可能错失某些天赋。

——蒙台梭利

　　被誉为"18 世纪奇迹"的莫扎特是位天生奇才。显然，他的父母成功地开发了他的天赋。1756 年，莫扎特诞生于奥地利的萨尔茨堡，父亲奥波德是城中宫廷大主教乐团的小提琴手，是位曲作家。他的母亲精通音乐，能拉大提琴和小提琴。家中有很多孩子，莫扎特排行第 7。

　　当母亲还在孕期时，就开始对莫扎特进行胎教。一天，丈夫奥波德演出回家后，刚到家门口，就听见妻子在房间里好像对人说话：

　　"我亲爱的宝宝，接下来为你演奏的是一曲小夜曲，我觉得你肯定很喜欢。"

奥波德听到琴声，充满疑惑，轻声走到窗前，环顾四周，只见妻子聚精会神地拉奏小提琴。奥波德仔细寻找，也没看见屋里还有其他人。奥波德走进房间，终于等到妻子演奏结束，马上询问：

"这房里还有其他人吗？你与谁在说话呢，听起来似乎在为他人表演曲目。"

妻子指着自己的大肚子，笑着说：

"我刚才为咱们的小宝宝演奏呢，你看，他特别爱听我刚才拉的曲子。"

"真的吗，你是如何判断出来的？"奥波德高兴地问道。

"如果有他爱听的乐曲，他就会在我的肚子里蹦蹦跳跳。""天啊，真是太棒了。让我也给他演奏一曲。"

话刚说完，奥波德就沉浸其中，拉动小提琴。奥波德刚演奏完，妻子就兴奋地告诉他：

"我认为这个小家伙日后一定痴迷音乐，我们要多为他演奏一些乐曲。当他还是胎儿时就进行胎教。"

"这个办法有效吗？他还没有出世呢。"对此奥波德不太相信。

"我从书中知道的，咱们试一试吧，没准有效呢。你看，咱们家的孩子除了南希尔以外，其他孩子似乎都没什么音乐天赋，可能就是缺乏胎教的原因吧。"

"希望能够有效，来，让我再为他演奏一曲。"说完，奥波德重新拉起琴。莫扎特刚出生没几天，妻子就兴奋地说："日后这个孩子肯定能接任我们的事业。"

"现在还不好说，我们需要仔细观察，看看他是否具有真正的音乐才能。"

"嗯，我们先要留意着孩子最喜爱什么。"

说完，奥波德轻轻弹奏琴弦，听到琴声，小莫扎特四处张望，手舞足蹈的，看起来特别高兴。

"快来看，他多么喜爱音乐。"

"再用颜色试试，看他喜不喜欢色彩。"

奥波德与妻子认真留意观察，得知莫扎特对音乐最喜爱，因此要将莫扎特打造成音乐家。他们每天都为孩子准备动人的音乐，又为他买来一把玩具提琴。就这样，音乐就在小莫扎特的四周，随时都能感知。

果然，莫扎特没令父母失望，他3岁时常常聚精会神地看着父亲是如何教姐姐弹奏钢琴的。一天，当父亲没在家，他偷跑到钢琴边，用小手弹奏起钢琴来。没多久，父亲回家了，他听到小莫扎特"演奏"的钢琴声，诧异万分：

"奇怪，你居然能弹奏这个乐曲？"

莫扎特没有回答，而是继续用小手弹奏钢琴，即使有些错误，但依稀能够辨认出很多乐曲的旋律。这更令莫扎特的父亲惊讶：

"难道是你妈妈教会你的吗？"莫扎特摇了摇头。

"是不是你姐姐教你的？"

莫扎特仍然摇头，告诉父亲："这是我自己就会的。"父亲对莫扎特表现出惊人的音乐天赋十分震惊，他高兴地告诉妻子："这孩子日后肯定能有所作为。"

因此，当莫扎特4岁时，父亲就正式教他演奏钢琴。莫扎特学习进步神速，很多乐曲他只听一遍就能弹奏了。

"爸爸，咱们什么时候开始学新曲子？"

"孩子，不能心急，这曲子还剩一个乐章没开始教你呢。""我都学会了，我很早就会弹了。"

没等父亲要求，莫扎特开始弹奏钢琴，他弹奏十分娴熟，马上就将整个乐曲都演奏结束了。

父亲诧异地望着他说："孩子，你已经学会了，我教你另一支乐曲。"

在旁边的母亲看着有些心疼说："还是让孩子先休息吧，他还这么小，先让他玩会吧，他可能感到疲惫的。"

"妈妈，我没感到累，我想继续学习。"

奥波德对妻子说："现在，孩子正是最想学习的时候，我要抓住他最想学的热情再教他一会儿，这样，他学习起来很快。如果他想玩，我会让他多玩的。"经过父母的精心栽培，5 岁的莫扎特就能够创作曲子，在当地被命名为神童。无论到哪里，人们都竞相称颂他优异的才能，一时间，小莫扎特特别心满意足。一次，莫扎特同父亲一起从乐队回来，高兴地告诉母亲：

"妈妈，今天我去爸爸那里，没想到主教大人成了我的观众，听我弹琴。""真的吗，他说些什么话了吗？"

"他说我演奏得真棒，他还说我是个小天才。"

"孩子，那是别人的赞美之词，你赶紧练习钢琴吧。"

"哦，妈妈，这些曲子我都能弹奏了，我先玩去了。"说完，莫扎特就蹦蹦跳跳地跑出去玩了。

望着莫扎特远去的背影，母亲摇摇头，进来对奥波德说："照这样下去不是办法，孩子好像有些自满了。"

"我也发现了。真要考虑为他换个新环境，这个小城太小，长期在这里可能没什么大发展。我想带他去外面见识一下，让他懂得要不断进取才行。"

"你打算去哪里呢？"

"去巴黎和维也纳，在那儿有非常多的优秀艺术家，这有利于他的发展。"

"那肯定要花费特别多的钱，咱家孩子这么多，生活太拮据了。"

"没事，我们可以通过演出来生活，即使生活贫困些，但与孩子未来发展相比，还是很值得。"

按照父亲的打算，6 岁的莫扎特同 11 岁的姐姐与父亲一同流浪演出，他们来到很多大城市，拜访了许多音乐家，使得莫扎特加深了对音乐的了解。流浪演出获得最大的收益就是当他 8 岁时，在英国拜访到音乐大师巴赫，巴赫特别喜爱小莫扎特，要收莫扎特为徒，教莫扎特学作曲，就这样，为莫扎特成为著名的音乐大师奠定了基础。

14 岁的莫扎特因优异的才能得以晋见教皇。在教皇的音乐室中听到被认为是珍宝的教皇圣歌。此前，这首圣歌从不外传，莫扎特仅听了一次，就能流畅地将整首圣歌都演奏出来，教皇极口称赞他的突出才能，并封给他一个爵位。因此，14岁的莫扎特被尊称为莫扎特爵士。莫扎特能够如此成功地开发才能离不开父母的精心培养。莫扎特一生中留下许多作品，他的作品清新而有诗意，如同天籁般美丽。

后来，莫扎特接受记者采访说过这样的话：

"可能令人吃惊，但我还未出生之时，音乐的确是我的一分子，这源于父母成功的胎教。"

莫扎特语录

1. 没有谁对作曲的研究，下过像我这样的功夫。

2. 你们都看到了我的天分，但看不到我的勤恳。

3. 人们认为，我的艺术成就是轻而易举得来的。这是错误的。没有人像我那样在作曲上花费如此大量的时间和心血。没有一位著名大师的作品我没有再三地研究过。

4. 如果爱是一种力量，那音乐是一种动力。

5. 生活的苦难压不垮我。我心中的欢乐不是我自己的，我把欢乐注进音乐，为的是让全世界感到欢乐。

6. 世上最可贵的是时间，世上最奢靡的是挥霍时光。

7. 谁和我一样用功，谁就会和我一样成功。

8. 为进入天国而奋斗固然是崇高的，但是活在这凡世也美妙无比。那就让我们做人吧。

9. 我但愿有梦，由于梦使生活较为能够接受。

10. 我的舌头已经尝到了死的滋味，但我的创作还是乐观的。

11. 我将会在旋律中生活，也将会在旋律中逝去。音乐成了我的生命。

12. 我是一个俗人，但我的音乐不俗。

13. 有许多人是用青春的幸福作为成功的代价的。

14. 作曲已经实现了，只是还没有写到纸上。

8. 贝多芬父亲教育：练琴从游戏开始

贝多芬

（1770—1827）

（德国）

德国著名音乐家德维希·凡·贝多芬于 1770 年 12 月 16 日诞生在莱茵河畔的波恩市，祖籍佛兰德。自幼跟从父亲学习音乐，8 岁便开始登台演出，很早就显露出音乐的才华。贝多芬创作多达两百多部作品，包括著名的 9 首编号交响曲、35 首钢琴奏鸣曲（其中后 32 首带有编号）、10 部小提琴奏鸣曲、16 首弦乐四重奏、1 部歌剧、2 部弥撒曲等等。这些作品对音乐发展有着深远影响。在东亚，贝多芬被尊称为"乐圣"。

孩子迈出的第一步就是征服自己的证明，对孩子来说，这是另一种重生，他从一个依靠他人帮助的人变成有能力积极主动之人。

——蒙台梭利

音乐大师贝多芬小时母亲非常宠爱他，他很贪玩，父亲是宫廷乐师，自有教育孩子的一套方法。当贝多芬刚会走路，就晃晃悠悠地想去外面玩耍，望着小贝多芬的举动，父亲笑着对母亲说："这孩子可真性急。"一次，小贝多芬摔倒在地，母亲很心疼，忙跑去准备将他扶起来，贝多芬的父亲一把阻止说："你不要过去，就让他自己爬起来。"

母亲很好奇地询问："这是什么原因？"

父亲说："这样才让他懂得，要自己帮自己，要让他知道，人生不可能事事顺利，只有克服困难才能重新站起来。"于是他告诉摔倒在地的小贝多芬："喂，小家伙，自己努力爬起来。"摔倒在地的小贝多芬望了望父亲，见他没有伸手帮自己站起来，只能自己努力试着爬起来，他使劲用手撑着地，用了好大力气才勉强爬起来，谁知双腿还是没站稳，又跌坐在地上。父亲还是没用手帮他，只是对着还在地上的小贝多芬说："来，小家伙，你再努力一回，再试一下，马上就能成功的。"

小贝多芬没办法，只好再努力自己站起来，这次，终于站起来了，身旁的母亲看着特别心疼，当贝多芬一站起来，就一把将他紧紧搂到怀中。父亲则是笑着说："看，我们的小家伙做到了。"说完，就在小贝多芬额头吻了吻，当作是对小贝多芬努力的奖赏。

贝多芬刚会走路，父亲就带着他去莱茵河玩耍，滔滔滚滚的莱茵河一泻千里，穿过群山，如同动人的交响乐，周围高耸的树木，以及小花小草和各种不知名的鸟儿唱着动听的歌声，使小贝多芬马上就沉迷其中。

自从小贝多芬痴迷于野外美景后，就常常去外面玩耍，不想待在家中。一天，刚吃完午饭，母亲想教贝多芬学习写字，就将贝多芬带到书桌旁，对他说：

"今天，妈妈教你学习。"

小贝多芬却不感兴趣："妈妈，我想去外面听听鸟的叫声。"

母亲费了很大劲才让小贝多芬安静下来，可没过几分钟，小贝多芬就表现出厌烦了，他跳了起来，冲着母亲打个招呼就跑到外面去了。

晚上，母亲唉声叹气地告诉父亲："这孩子越来越贪玩了，太不听话了。"

贝多芬的父亲却不以为然："孩子天性就是贪玩，太乖巧的孩子一般不会有所作为的。尤其是对于从事艺术事业来说，更是这样。"

"你也打算让他日后从事音乐事业吗?"

"是的，我认为这个孩子有着极高的音乐天赋，用心培养的话，日后肯定能有所成就的。"

"如果想让他走上音乐之路，现在就应该教他学习了。"

"不要操之过急，首先要让他对音乐感兴趣，如果他不感兴趣的话，就很难坚持下去的。"

　　"可他每天都这么贪玩，很难静下心来，你该如何教他学习音乐呢?"

　　"我想到一个好办法。"父亲似乎胸有成竹。

　　第二天，父亲从乐队中拿到家里一架不用的旧羽管键琴，就告诉小贝多芬说："咱们做个游戏，好吗?"小贝多芬特别兴奋，父亲将他带到羽管键琴那里，掀开琴盖，指着琴键，告诉小贝多芬："你看，这有黑白两种颜色，白色代表小白羊，黑色代表大黑熊，咱们比比，到底谁能抓到更多的小白羊。"因此，小贝多芬用小手触摸着琴键。

　　小贝多芬一碰及琴键，就有清脆的声音响起，小贝多芬觉得既有趣又愉快，他又用双手随意按动琴键。"哦，不是这样按动的。"父亲赶忙阻止，又握住小贝多芬的双手，教他正确的按键指法，对他说："来，你试一试，看看你能抓住几只小白羊。"

　　"一只小白羊，两只小白羊，"小贝多芬边数边兴致勃勃地喊着。"哦，你又按错指法了。"一旦小贝多芬出现错误，父亲就及时为他更正。"让我们看看，你能抓住多少只大黑熊。"父亲对着兴致勃勃的孩子说。

　　"哦，你的手法还有些不规范，来，看看爸爸是如何做的。"说完，他用正确的指法弹奏着琴键。

　　父亲聚精会神地望着他，便对他说："你试一试。"

　　小贝多芬于是又按动琴键。

　　过了两天，父亲知道小贝多芬已经掌握了正确的指法，就告诉他："好了，让我们换另一种游戏。"

　　"今天不玩小白羊和大黑熊的游戏了吗?"小贝多芬很好奇。

　　"是啊，我们来玩爬台阶游戏，"父亲指着琴键对他说："这些白键意为一级级台阶，每爬过一个台阶，就产生另一种声音，快来看看咱们谁能爬到最高处。"

　　"太好了。"小贝多芬又有了兴致，伸出小手按动琴键。

　　"这样不对，你要一级级地爬台阶。"在旁边的父亲又说，"让爸爸为你做榜样，你认真看看。"

说完，他又坐下来，按动一遍高音琴键，告诉小贝多芬："你试一下。"

小贝多芬渐渐学会了这种方法。他重复弹奏琴键的音阶，非常兴奋。

当小贝多芬掌握了正确的弹奏姿势，父亲说："好了，我们开始比比谁爬得最快。"

于是，小贝多芬兴奋地提高速度。

到了第三天，父亲又将小贝多芬带到羽管键琴那里，说：

"现在我们玩个下台阶游戏，这个与昨天的游戏恰好相反，今天我们玩下台阶游戏。"他开始指点小贝多芬弹奏。

经过父亲的指导，小贝多芬已经潜移默化领会了基本的指法。父亲即将去维也纳演出，就告诉母亲自己是如何通过玩游戏来让贝多芬学习音乐的，让她这段时间陪小贝多芬玩游戏，渐渐地，小贝多芬迷恋上这种游戏方式，常常长时间弹奏羽管键琴。见到孩子这么喜欢这个游戏，母亲每天都陪他玩耍。

就这样，母亲陪着小贝多芬玩了好久这样的游戏，但是有一天，父亲对母亲说：

"今后不要这样跟孩子玩游戏了。"

"这是为什么？孩子很喜欢玩这个游戏啊，而且在玩游戏的过程中又有所收获，这样不好吗？"

"嗯，不能继续下去了，这样的游戏应该停止了。""为什么呢？"母亲很不明白。

"音乐其实是一个艰苦而又严肃的工作，如今已经培养起孩子对音乐的兴趣，不能让他一直处在游戏的状态，如果这样下去，就很难让他严肃认真地对待音乐，这不利于孩子日后的成长。"因此，父亲将小贝多芬叫到身边，认真地告诉他："孩子，现在爸爸开始教你学习钢琴，你想学习真正的钢琴吗？"

"当然希望了，爸爸，你赶紧教我吧。"小贝多芬很着急。"你要明白，音乐非常艰辛，你能坚持不懈吗？""当然了，我能坚持下去的。"小贝多芬点了点头。

"但是我还是害怕你吃不了苦，之前爸爸跟你弹琴，都在玩游戏，因而你很容易就学会了，之后可能不会这么简单了，你能受得了吗？"小贝多芬好像很明白事理，点头说："爸爸，我能做到的。"于是父亲耐心教小贝多芬学习钢琴。头一次，父亲仅教了 15 分钟，母亲问："你为什么只教这么少的时间呢？"

"孩子没有太久的注意力，需要一步步适应，太长时间没准适得其反。"

但小贝多芬却很认真努力学琴，父亲教他的乐曲总是重复练习，直到能够弹得娴熟。父亲教课时总是严格要求他。一次，当他给小贝多芬上课时，母亲正好端了水过来。父亲对母亲怒喝说："现在正是我给孩子上课时间，你为什么进来了？"

母亲低声说："孩子有些感冒，我是给他拿药和水的。"

父亲说："你还是出去吧，下课后再让他吃药。"然后又说道，"如果我们正在上课，谁都不要打扰，即使有客人前来拜访，也先让他等一会儿。"

之后，父亲更加严格要求贝多芬，贝多芬每天都在钢琴前重复练习曲子，每天都要练习七八个小时。年纪幼小的贝多芬显然还不能适应这样繁多的练习，当听到小朋友的玩耍声，正在键盘上练琴的贝多芬忍不住停止了，他想跟其他小朋友一块玩游戏，每当这时，父亲就冲他喊着："不要停下手指。"

父亲对待艺术如此严肃而认真，这也深刻地感染了小贝多芬，使得他更刻苦练琴。这样严格的训练，加上贝多芬天生的音乐才能，通过没日没夜的刻苦训练，使得小贝多芬的演奏水平迅速提高。当他 8 岁时，就举办了公开的演奏会。9 岁时，他在演奏水平上就远超他的父亲。正是因为勤奋，贝多芬的音乐才能得到快速发展，琴技得到人们的认可与称赞。当他 11 岁时，就是乐队的乐手。之后，贝多芬到维也纳，拜访很多音乐大师，当莫扎特听到贝多芬的演奏后，告诉众人："看吧，这个年轻人，早晚有一天会震惊全世界的。"

的确，贝多芬凭借过人的音乐才华以及坚强的毅力，冲破重重考验，终于获得成功，创作了许多优秀的乐曲，是世界级音乐家。

贝多芬语录

1. 把"德行"教给你们的孩子：使人幸福的是德行而非金钱。这是我的经验之谈。在患难中支持我的是道德，使我不曾自杀的，除了艺术以外也是道德。

2. 我愿证明，凡是行为善良与高尚的人，定能因之而担当患难。

3. 我的箴言始终是：无日不动笔；如果我有时让艺术之神瞌睡，也只为要使它醒后更兴奋。

4. 成名的艺术家反为盛名所拘束，所以他们最早的作品往往是最好的。

5. 我的艺术应当只为贫苦的人造福。啊，多么幸福的时刻啊！当我能接近这地步时，我该多么幸福啊！

6. 卓越的人一大优点：在不利与艰难的遭遇里百折不挠。

7. 智慧、勤劳和天才，高于显贵和富有。

8. 划分天才和勤勉之别的界线迄今尚未能确定——以后也没法确定。

9. 在经验的指导下读书，价值要大得多，因为经验是他们老师的导师。

10. 对于富有才华和热爱劳动的人来说，不存在任何障碍。

11. 即使为了国王的宝座，也永远不要欺骗、违背真理。

12. 我要扼住命运的咽喉，它妄想使我屈服，这绝对办不到。生活是这样美好，活它一千辈子吧！

13. 即使是最神圣的友谊里也可能潜藏着秘密，但是你不可以因为你不能猜测出朋友的秘密而误解了他。

14. 真正的友谊，只能基于相近性情的结合。

15. 友谊的基础在于两个人的心肠和灵魂有着最大的相似。

16. 涓滴之水可磨损大石，不是由于他力量强大，而是由于昼夜不舍地滴坠。只有勤奋不懈地努力，才能够获得那些技巧。

17. 苦难是人生的老师。通过苦难，走向欢乐。

18. 我不知道有什么比教养一个孩子成人更神圣的职责了。

19. 对你们的孩子要教之以德行，只有德行，而不是金钱，才能使人幸福，这是我的经验之谈。

20. 真理是时间的女儿。

21. 趁年轻少壮去探求知识吧，它将弥补由于年老而带来的亏损。智慧乃是老年的精神养料，所以年轻时应该努力，这样，年轻时才不致空虚。

22. 人的智慧不用，就会枯萎。

23. 智慧是经济之女。

24. 你不见美貌的青年穿戴过分反而折损了他们的美么？你不见山村妇女，穿着朴素无华的衣服反比盛装的妇女美得多么？

25. 劳动一日，可得一夜的安眠；勤劳一生，可得幸福的长眠。

26. 荣誉在于劳动的双手。

27. 真理只有一个，它不在宗教中，而是在科学中。

28. 热爱实践而又不讲求科学的人，就好像一个水手进了一只没有舵或罗盘的船，他从来不肯定他往哪里走。

29. 不管过去还是现在，科学都是对一切可能的事物的观察。所谓先见之明，是对即将出现的事物的认识，而这认识要有一个过程。

30. 对那些不值得信任的人不要存有幻想！

9. 黑格尔父母的语言启蒙法

黑格尔
（1770—1831）
（德国）

著名的哲学大师黑格尔诞生于德国西南部的斯图加特城的税务官家庭。黑格尔18岁进入蒂宾根大学（巴登－符腾堡的一所新教神学院）学习。黑格尔的思想，对存在主义和马克思的历史唯物主义都产生了深远的影响，达到了19世纪德国唯心主义哲学运动的顶峰。他一生创作了很多伟大的著作，例如《精神现象学》《逻辑性》《哲学全书》《美学》及《宗教哲学》。

有的人说，如果能够深入了解母亲，那就很容易懂得她的孩子，但我觉得，如果对孩子有深入了解，那么就有利于这个孩子更正确更容易感知并接近他们的母亲。在教孩子学习外语方面也一样，对一个孩子而言，先熟悉一些派生语言比了解源语言更方便快捷。

——卡尔·威特

1770年，黑格尔诞生于德国西南部的斯图加特城，父亲路德维希·黑格尔在税务局担任书记，信奉路德派。母亲玛丽亚是个有良好修养的家庭主妇。黑格尔是家里的头一个孩子，因此全家人都非常疼爱他，也十分重视对他的教育。

因为黑格尔家庭还算富裕，因此他有得以接受良好教育的条件。黑格尔的母亲有文化修养，她知道要及早对孩子进行启蒙教育，因而当黑格尔只有四五岁时，就开始对他进行教育，她亲自教黑格尔学习语言，对他细心指导，耐心辅导，再加上小黑格尔天生聪慧，因此学习起来很快。没多久，细心的母亲就发觉应该对孩子进行更多的教育，于是告诉他的父亲路德维希：

"这孩子很聪明，学习进步很快，他应该得到更多更深的教育，这些是我没办法做到的。"

"那为他请个家庭教师吧，你认为他现在应该学些什么呢？"

"外语，现在孩子正处于语言敏感期，让他学会几门外语，会帮助他日后的发展。"

"那教他哪种语言呢？"路德维希询问。

"学习拉丁文以及希腊语。我认为这两门外语比较重要。"玛丽亚回答。

"的确，这两门语言很重要，但对孩子来说，太有难度了，特别是拉丁文，如今都没人能流利地用它交流，孩子缺乏语言环境，很难学会的。"

"我们可以为他准备一些拉丁文作品来阅读啊。"玛丽亚说着。

"如今的拉丁文作品是由古希腊或是古罗马人写的，对孩子而言，早已失去千年的世界，实在太陌生太隔膜了，孩子刚接触外界，对他来说很难接受这样陌生的语境的。"

"你的意思是不让孩子学习拉丁文和希腊文吗？"

"不是的，是应该学习这两门语言，但要有个顺序，我觉得还是先让孩子学习英语和法语。"

"这是什么原因呢？"玛丽亚很不解。

"因为生活中有很多这两门语言的语境，这样对孩子来说比较容易，况且，如今很多语言都是源于古代拉丁文和古希腊语系，一旦孩子掌握了现代语言，学习已经逝去的古老语言会简单些，也能很快地学会。"

"可是这么多的语言，孩子有精力学习吗？"玛丽亚有些不放心。

"我们可以让他一门门地学习，不能同时教他好几门外语。"

"这是什么原因？"

"如果同时教他好几门语言，孩子一时可能难以学会，更容易将这几种语言混淆。"

"照你说的，孩子学会语言后，还会长时间地使用吗？"玛丽亚询问。

"不，孩子刚学习一门语言，会有些费力，然而一旦掌握一两门语言，学习其他语言也会变得很快。因为许多语言都有互通之处，例如德语与法语有很多相通之处，而法语源于拉丁语的派生，如果这样学习会简单些。"

按照路德维希的主张，玛丽亚为小黑格尔请来一位法语教师教他法语，与此同时，玛丽亚还担任教小黑格尔学习代数和几何学的工作，还教他点文学知识。就这样，小黑格尔每天的学习非常多，他每天都很忙。

几天后，路德维希抽空查看小黑格尔的作业，他发觉黑格尔表情呆滞，不聚精会神，就对玛丽亚说：

"你规定每天孩子要学习多久？""大概四五个小时吧，有什么问题吗？"玛丽亚询问。"嗯，学习时间太多了，每天就用一两个小时吧，孩子这么小，身体还很弱小，平时应该多锻炼身体。"

"只有这么少的时间哪能学会那些知识呢？况且好几门语言都没开始学习呢。"玛丽亚回答。

"那就日后再学习吧，对孩子来说，这时最重要的就是有个强健的体魄。我可不愿他日后成为身体羸弱的学者。从明天起，我就教他学习骑马。"

但父亲这个意见似乎来得太晚，没多久，小黑格尔就染上了天花，昏过去好多天，甚至医生都觉得他无药可救了，这些可以从黑格尔妹妹存留的信中得知他当时的状况。当时母亲十分心疼，又后悔说没能让他早些加强体育锻炼。以至于她还发誓，一旦孩子活过来，就让他锻炼好身体。

小黑格尔给了母亲履行承诺的机会，他神奇地活了过来，这使得母亲高兴万分，将黑格尔的学习时间缩减到一个小时。剩余时间就留给他学习骑马击剑，或是去野外游玩。渐渐地，小黑格尔的身体强壮起来，脸色也变得红润，他迷恋上骑马，常常抽空就去野外骑马玩。锻炼身体并没影响到小黑格尔的学习，虽然他每天的学习时间不多，然而每次学习时都很有活力，总是很快地学会老师所教的知识。

身体锻炼给黑格尔的好处就是为他逃过一劫。13岁时，当地流行严重的胆汁性痢疾和胆汁性热病，黑格尔一家都难逃此次感染，他的母亲因为这次疾病而远离人世。虽然黑格尔也病得很严重，但他最终还是撑过来了，显然，这得益于他长期的体育锻炼。

7岁时，黑格尔入学接受正规教育。由于之前接受的良好教育，他很快就成了优秀学生，总是因为优良成绩获得奖学金。黑格尔勤奋学习，成绩优异，得到老师洛佛勒尔的重视，这是一位对孩子特别负责的老师，他发觉小黑格尔身上有极大的潜能还没有开发，于是常常送他课外书。他知道传统教育存在许多弊端，于是对黑格尔说："如果只是满足于学校教育，在学校有个好成绩，这是不够的，传统的教育有很多弊端，你最好多学习些古典哲学和文学的书籍，尤其是，有空要多学习拉丁文。"

"老师，难道我从学校里学不到吗？"黑格尔奇怪。

"在现在的学校你是学不到的，但如果一个人要有所成就的话，这些知识是不能不掌握的，尤其是语言，要是你日后再学习就很困难了。"

通过黑格尔的日记，我们知道，这个老师曾特意教过黑格尔，为他讲解库尔梯乌和新约全书、西塞罗写的哲学书、保罗致罗马人的书信，还有一些关于希伯来人的内容。正是这种课外辅导打开了黑格尔的视野。黑格尔尊称老师洛佛勒尔为"最敬爱的老师"，当老师去世时，黑格尔写下这样的文字来纪念这位老师：

"我一生中最应尊敬的老师就是洛佛勒尔先生，他是我认识的最好、最有才华的教师。他大公无私，全力为学生考虑。他不同于其他人，只想着为自己谋求好处，只想着将古板的班级制度年年继续下去，就有了维持生计的本钱，从不想过要改进与提高。但我的老师并不这样，我们常常在他的房间中聊天很久，那真令人愉悦。可是没人知道他的胸襟有多么宽广，他是这么有才华，却禁锢在工作中，多么不幸。如今，我的先生长睡不醒，但他永远存在我们心中。"

父母对黑格尔在学校的良好表现很是欣慰，他们听从老师洛佛勒尔的建议，当然，这也是他们早就计划过的事情，他们要让黑格尔接受正规教育时，又请人专门教黑格尔希腊文、拉丁文，并且时常鼓励黑格尔阅读古典文学和哲学名著。因为已经掌握了几门外语，因此黑格尔学习希腊文和拉丁文很轻松快速，这就为他日后对那些希腊文、拉丁文材料进行哲学研究做了垫脚石。很多年之后，黑格尔果然不负教师洛佛勒尔的厚望，当年那个着力培养的学生享誉全世界，成了一位世界级哲学大师。

黑格尔语录

1. 精神上的道德力量发挥了它的潜能，举起了它的旗帜，于是我们的爱国热情和正义感在现实中均得施展其威力和作用。

2. 人应尊敬他自己，并应自视能配得上最高尚的东西。

3. 最大的天才尽管朝朝暮暮躺在青草地上，让微风吹来，眼望着天空，温柔的灵感也始终不光顾他。

4. 理想的人物不仅要在物质需要的满足上，还要在精神旨趣的满足上得到表现。

5. 一个人愈是缺乏教育，对于客观事物的特定联系愈是缺乏知识，则他在观察事物时，便愈会驰骋于各式各样的空洞可能性中。

6. 一个人如果把从别人那里学来的东西算作自己的发现，这也很接近于虚骄。

7. 我首先要求诸君信任科学，相信理性，信任自己，并相信自己。

8. 人们往往把任性也叫作自由，但是任性只是非理性的自由，人性的选择和自决都不是出于意志的理性，而是出于偶然的动机以及这种动机对感性外在世界的依赖。

9. 美与真是一回事，这就是说美本身必须是真的。

10. 目标有价值，生活才有价值。

11. 在纯粹光明中就像在纯粹黑暗中一样，看不清什么东西。

12. 任性和偏见就是自己个人主观的意见和意向，——是一种自由，但这种自由还停留在奴隶的处境之内。

13. 只有那些躺在坑里、从不仰望高处的人，才会没有出头之日。

14. 现实的都是合理的，合理的都是存在的。

15. 人是靠思想站立起来的。

16. 一杯水是清澈的，但海水却是黑色的。就像小的道理可以说明，而真正的大道理是沉默的。

17. 如果说音乐是流动的建筑，那建筑物则是凝固的音乐。

18. 运伟大之思者，必行伟大之迷途。

19. 一个真正的艺术家不应当只是单一的画家，应是兴趣广泛的多面手。

20. 在这唯一的权力面前，没有东西能够维持一种独立的生存。

21. 悲观的头脑，乐观的意志。

22. 现实中无法解决的困惑，就到哲学里去寻找答案。

23. 实体在本质上即是主体。

24. 如果你生活在一种无法抗拒的、无法改变的痛苦里，那么这种痛苦将是你的幸福。给自己一个希望和勇气，大喊没有什么大不了的，慷慨地说句"大不了就是一死"！

25. "世界历史即是世界审判"揭示了其历史观兼有神义论和人义论的双重品格。

26. 一个深刻的灵魂，即使痛苦，也是美的。

27. 太阳下面没有新事物。

28. 良心，它就是对它自己有了确信的精神。

29. 世上不是缺少美，而是缺少发现美。

30. 人类从历史中所得到的教训就是：人类从来不汲取历史教训。

31. 绝对的光明，如同绝对的黑暗。

32. 假如没有热情，世界上任何伟大的事业都不会成功。

33. 公民必须体会到宪法是自己的权利，可以落到实处。否则，宪法就只是徒有其表，不具有任何意义和价值。

34. 美是理念的感性显现。

35. 方法不是外在的形式，而是内容的灵魂。

36. 人类是地球上的匆匆来客。

37. 民族不是为了国家而存在的，民族是由国家创造的。

38. 熟知并非真知。

39. 上帝惊叹细节。

10. 拜伦母亲帮助孩子摆脱自卑

拜伦

（1788—1824）

（英国）

乔治·戈登·拜伦是英国 19 世纪初期伟大的浪漫主义诗人、革命家、独领风骚的浪漫主义文学泰斗、世袭男爵。在拜伦的诗歌里塑造了一批"拜伦式英雄"，其代表作品有《恰尔德·哈罗德游记》《唐·璜》等。拜伦不仅是一位伟大的诗人，还是一个为理想战斗一生的勇士，他积极而勇敢地投身革命，参加了希腊民族解放运动，并成为领导人之一。拜伦是深受英国人民喜爱的诗人，他极富才华。另外，他也是个正义之士。1823 年7 月，当拜伦得知希腊人民爆发起义，他兴奋不已，将自己的庄园变卖，买了"赫库利斯号"战舰以及两个大炮、5 匹战马和枪支弹药，搭乘"赫库利斯号"将这些军事物资送去。

身为母亲，不但要注重锻炼孩子的身体，最重要的是关注孩子的心灵。

——蒙台梭利

1788 年，拜伦生于英国伦敦，父亲是为所欲为之人，抛下妻儿远走法国，当拜伦 3 岁时就在他乡去世了。母亲带着小拜伦定居于苏格兰的一个小镇。小时候的拜伦长相清秀，直到他学习走路的时候，母亲才无意中发觉他一瘸一拐地走路。母亲得知，悲伤万分，她为儿子请有名的医生来治疗，可是根本没有什么好转。

因为身体有了残缺，小小年纪的拜伦因此心灵上蒙上了阴影。他最不愿意其他人谈及他的身体缺陷。一天，他在路上行走，有个女人说道：

"这个孩子好可怜，虽然长得漂亮，腿却这么不便。"

听到这样的话，拜伦一下子发怒了，他拿着手里的玩具皮鞭要去打那个女人，而且高声喊着："马上给我闭嘴。"

细心的母亲发觉了这点，为了能安抚孩子的心灵，母亲告诉拜伦：

"孩子，你要牢记一点，你外祖父家族有着高贵的血统。"

"那我也有这样的血统吗？"

"当然了，你是家族的后代，而且父亲家族有着悠久的历史，还出现过许多英雄和航海家。"

"其他的孩子也这样吗？"小拜伦问着。

"嗯，别人家的小孩没有的，你应该以此为荣耀。"从母亲口中，小拜伦知道自己有优于其他孩子之处，心态也变好些。

每天，母亲都听从医生的建议，紧紧地将拜伦有疾病的腿层层包裹起来，这使得拜伦非常痛苦，这造成了小拜伦童年的阴影。

一次，拜伦感到疼痛就大喊了起来："妈妈，我感觉太痛了，我不想治疗了。"母亲劝慰他："亲爱的孩子，你一定要学会坚强，要能忍受疼痛，这才能获得成就的。"

为了能帮小拜伦减轻痛苦，每晚，母亲都为他朗诵一段《圣经》，虽然小拜伦还不是很明白，但似乎感到了《圣经》的神奇。母亲经常为他讲着天使和撒旦的故事，小拜伦听得津津有味。每当为他紧绑病着的腿时，母亲就让他朗诵赞美诗，因此拜伦忘了绑腿的疼痛。拜伦喜爱赞美诗，能背诵许多诗篇。

正是这样的经历使得拜伦养成了坚毅的性格。后来，拜伦拜师学习拉丁文，当那个老师看到拜伦每天都承受着绑腿的疼痛，却仍然努力学习，对此极为感动，拜伦却一脸轻松地说：

"没什么大不了的，我早就习惯了。"

母亲为了能增强孩子的信心，常常带他爬山。当小拜伦爬到顶峰，就兴高采烈地欣赏着山峰洁白的云朵。拜伦最喜欢漫步于乱石丛中，将自己的腿不便之事抛之脑后，他如同正常人那样，从一块石头跳到另一块石头上，早就忘掉了自己的腿病。

聪明的母亲知道，不能光治好孩子的病腿，消除孩子心灵上的阴影，最好的办法就是让他在其他地方也超出别的孩子，因此，她决定要将小拜伦培养得非常出色。

当拜伦还不足 5 岁，母亲就将他送到学校读书。学校在家附近的一间矮矮的房子里。母亲希望通过入学读书的方式，驱赶孩子内心的阴影。可是没多长时间，母亲就发觉，学校根本无法实现她的愿望。为了能将拜伦培养成优于他人的孩子，她请来两位大学教授在家教拜伦学习，分别教拜伦学习历史、拉丁文及宗教。因为拜伦很聪慧，所以学习很好。拜伦尤其喜欢学习历史，特别是罗马史，常常反复读了几十遍其中的精彩篇章。虽然母亲生活很贫困，但她还是为拜伦攒钱买很多书籍。其中拜伦最喜爱的就是描写自己的祖父指挥海战的书。拜伦反复翻看，甚至能够背出其中的情节，他常常为别人津津有味地讲述祖父的故事。在讲述故事时，充满了骄傲和自豪，也不因自己身体残疾而感到自卑了。

正是因为这些书籍使得他喜爱战争和军事。一次，他告诉别人："我以后肯定能召集部队，在沙场上奋勇杀敌。"这事说起来很有趣，拜伦的这句话竟在 20 多年后，他在希腊人入侵土耳其的战场上成为事实。

母亲对小拜伦的学业很关注，常常劝慰他：

"孩子，不要在意你的腿病，你时刻要记得，自己是个正常人，你能超越其他人的。"

1801 年，拜伦进入当时享誉全国的哈罗公学读书。刚进入学校时，因为自己腿有病，常常受到同学们的嘲笑。拜伦知道，想要得到别人的信服，必须要用学习来证明，很快，他就因知识广博得到同学们的敬佩。拜伦涉猎的知识领域非常广泛。当他只有 5 岁时，就能阅读身边所有的书籍。

他似乎每时每刻都在读书，无论是吃饭的时候，还是躺在床上的时候，不光读着他喜爱的《圣经》及《一千零一夜》，他还阅读了那时许多名家巨作。母亲又为他请了教他书法和法文的教师，因此，他可以阅读的书籍要远比其他的同学多得多。

学校里的拜伦被誉为"跛足魔鬼"。因为拜伦的博学多才使得同学们非常诧异与敬佩。拜伦有着过人的激情与想象力，无论是在知识储备上还是在创作诗歌方面，都显示出过人的才能。老师们认为他是个有个性又受人欢迎的孩子，拜伦的才华也得到校长的肯定。一次，校长很严肃认真地告诉别人：

"拜伦有着出众的才华，日后肯定能获得很大的成绩的。"

不光在读书方面高过常人，拜伦也听从母亲的建议，像常人一样从事体育锻炼。校园里的游戏从来都不会缺少拜伦的身影，一玩起来，拜伦常常忽视自己残疾的身体，他想要在每个方面都超过别人。他很喜欢游泳和潜水，在水中的拜伦来回穿梭，身体灵活，丝毫都察觉不到腿有什么问题。慢慢地，同学们越来越对拜伦敬佩，他们觉得拜伦身上有一种特殊的性格，勇敢、坚强，勇于反抗，有一种正义的骑士风度。他居然还因为爱打架而出名，虽然他腿脚不便，但他一点都不怯懦。即使腿不灵活，他也要努力用脚尖站立，打完全架。学校还有一位腿瘸的同学，常常受高年级学生的欺负，拜伦得知马上同这个同学交朋友，并且像个侠士一样，说：

"以后谁欺负你，你就告诉我，我会打他一顿的。"

正是得到母亲的精心栽培，拜伦最终成为优异的孩子。在哈罗公学学习的最后一年，拜伦成为了学生们的领袖。这时的拜伦开始创作诗歌。1805 年 10 月，拜伦凭借优异成绩考取剑桥大学，攻读历史和文学。就是在这里，开启了他日后快乐的写诗生涯。除了热爱的游泳之外，他将大多的精力都放在创作上，两年后出版了自己的处女作诗歌集，开始了文学创作之路。母亲的教育，不但将拜伦的自卑心理一扫而空，还培养出一位出色的大诗人。

拜伦语录

1. 逆境是达到真理的一条通路。

2. 一滴墨水，可以唤起千百万人的思想。

3. 为伟大的事业捐躯，从来就不能算作是失败。

4. 爱情就像灯光，同时照两个人，光辉并不会减弱。

5. 希望会使人年轻，因为希望和青春是一对同胞兄弟。

6. 一首诗则是生命的真正的形象，用永恒的真理表现了出来。

7. 过去属于死神，未来属于你自己。

8. 没有青春的爱情有何滋味？没有爱情的青春有何意义？

9. 所有时代的诗人都在为一首不断发展着的伟大诗篇作出贡献。

10. 一首伟大的诗篇像一座喷泉一样，总是喷出智慧和欢愉的水花。

11. 恶德不和、战争、悲惨；美德和平、幸福、和谐。

12. 读书越多，越感到腹中空虚。

13. 吻是灵魂与灵魂相遇在爱人的嘴唇上。

14. 最为不幸的人被苦难抚育成了诗人，他们把从苦难中学到的东西用诗歌教给别人。

15. 爱我的我报以叹息，恨我的我置之一笑，无论头上是怎样的天空，我将迎接一切风暴。

16. 微笑，实在是仁爱的象征，快乐的源泉，亲近别人的媒介。有了笑，人类的感情就沟通了。

17. 一个人如果不是真正有道德，就不可能真正有智慧。

18. 道德的最大秘密就是爱；或者说，就是逾越我们自己的本性，而融于旁人的思想、行为或人格中存在的美。

19. 浅水是喧哗的，深水是沉默的。

20. 饥饿和爱情统治着世界。

11. 尼采父亲的自然熏陶法

尼采

（1844—1900）

（德国）

德国哲学家弗里德里希·威廉·尼采出生于 1844 年 10 月 15 日。他的著作对于宗教、道德、现代文化、哲学，以及科学等领域提出了广泛的批判和讨论。他的写作风格独特，经常使用格言和悖论。尼采对于后代哲学，特别是存在主义与后现代主义影响巨大。他批判西方传统的基督教，高喊："上帝死了！"他认为应该"重新审视一切价值"，并开创新的价值观。

假如父亲接受到良好的教育，那么，一般来说，这个孩子也能得到良好教育，因为他有着良好教育所应具有的时间、健康、知识以及经验等等，不但如此，父亲在教育孩子时还会努力培养孩子自身的兴趣爱好，并且严格要求。

——卡尔·威特

1844 年 10 月，尼采诞生于德国东部萨克森州的一个小镇，父亲在附近的教区担任牧师，虔诚信奉路德派。尼采的父亲有着良好的教育。当他没从事牧师之事时，曾担任家庭教师，主要教 4 个学生学习，这 4 名学生就是闻名一世的汉诺威皇后、康士坦丁女大公爵、奥登堡女大公爵以及泰莱莎公主。

尼采的父亲深受德国文化的影响，有着独特的教育学生方式，因此，他所教的 4 位学生进步很快，学生们对他很崇敬。因为尼采父亲的家教做得很优异，而且又非常效忠普鲁士国王，因此深得国王宠信。国王奖赏他很多钱财，并让他担任萨克森州的牧师工作。

尼采的母亲名叫法兰斯卡，性情温柔、友善、慈爱，又有能力。她告诉自己丈夫：

"你有独特的教育孩子方法，那就用心栽培我们的孩子吧。"

尼采的父亲说："当然了，我也期望孩子日后有所作为。""你打算先教孩子哪些内容呢？"

"先教音乐，这孩子对音乐很感兴趣，我先来教他学习钢琴。"

"你希望他长大成为钢琴师吗？"妻子问道。

"不是的，主要是依据孩子的兴趣，可以将钢琴当作爱好，另外，学钢琴对孩子有所帮助的。"

"你希望孩子长大后从事哪个职业呢？"妻子继续询问。

"现在还不知道，我需要慢慢了解孩子，知道他有哪些天赋，这才能作出最终的决定。"

因为得到良好的家庭教育，尼采的父亲能熟练地弹奏钢琴，特别喜欢即兴演奏，因为这样，他在教育小尼采时得心应手。没多久，小尼采就开始痴迷音乐，常常在钢琴旁边不想走。慢慢地，尼采就对音乐表现出浓厚的兴趣，并且年龄越大，这种兴趣就更浓厚。

不光教尼采学习钢琴，父亲还为尼采准备许多音乐家故事，为他讲解音乐大师的巨作，例如莫扎特、海顿、贝多芬、门德尔松、肖邦、巴赫、舒伯特、亨德尔等，尼采喜爱这些音乐家的曲子，之后，当小尼采入学了，母亲又带他拜访很多音乐家，就这样，尼采更加深入理解并体会音乐了。

年轻时期的尼采喜爱音乐，甚至有过终生投身音乐的打算，他还创作很多曲谱，并对自己的作品很是满意，又自称自己是音乐家，想让自己创作的乐曲流传下去。他如此热爱音乐缘于父亲对他的教育。早期父亲对他的教育为他奠定了深厚的音乐基本功，音乐成了尼采后来精神生活的最主要方面。父亲不但教小尼采学习弹奏钢琴，又留心挖掘孩子其他方面的潜力，有时，他为尼采朗诵诗歌，有时教尼采学习绘画，也会带尼采去郊外捡石头，对此妻子非常好奇，就询问尼采的父亲：

"你希望孩子长大后从事什么工作呢？你今天教他学习这个，明天又换成另外一样。"

尼采的父亲说："我是要用不一样的东西来看看孩子，到底在哪方面有更大的潜质。"

"这样一来，不就白白浪费很多时间吗？"妻子说。

"不，我确实花费很多时间，但只有这样才能让孩子少走些弯路，这样会更好些。"

"你现在知道他有哪方面的天赋吗？""现在还没发觉，只是得知他不适合学画画，因为他对颜色不感兴趣，也不适合从政，这孩子性格沉稳，比较适合做牧师或是从事学术研究。"

为了帮助尼采了解宗教，父亲常将他带到自己的教堂中，小尼采对前来祷告的人们感到很奇怪，询问父亲：

"他们在做什么呢？""他们是在向上帝祷告。"父亲回答。"为何要祷告上帝呢？"小尼采还是不明白。

"因为祷告能获得上帝的帮助，孩子，你想祈祷上帝吗？""不，我不需要他人帮忙。"小尼采很肯定地说。

父亲并没有其他意见，说："孩子，我听从你的意愿，可能你有很多事情还不懂，以后你就知道要相信上帝的。"

如同其他早慧的孩子一样，父亲发觉小尼采常常呆坐着陷入沉思之中，父亲并不打扰沉思中的孩子。他知道，孩子要靠自己的思索才能懂得一些东西。有时，他会同孩子议论些问题，而小尼采提出许多超过自己年龄的问题，这常常令父亲感到惊讶。但无论小尼采的观点正确与否，尼采的父亲都很认真地同他讨论，他并非将尼采当作孩子，而是当成成人一样对待，对尼采的独立思考提出赞扬，这样，小尼采很小就养成了独立思考的习惯。

小尼采不喜欢与同龄小朋友玩游戏，甚至不愿跟他们接触交往，这使得母亲很忧心，就告诉丈夫：

"孩子不想跟小朋友们交往，这太令人吃惊了，要是长期这样的话，会让他的身心受到影响的。"

尼采的父亲说："没事的，这说明孩子有自己的一片天地。""如果这样下去，他会变得很孤僻的。"母亲仍然不放心。

"不，如果我们总是陪伴他，他不会孤僻的。"

因此，尼采的父亲一有空就带着小尼采去感受大自然。有时他们去河边，或是去森林中，即使工作很忙碌，每周尼采的父亲都带他去野外游玩。这引起尼采母亲的责备：

"你就知道带孩子玩耍，又不教教他学习知识，孩子养成贪玩的性格就不愿学习了。"

尼采的父亲说："感知大自然远比教育对孩子的影响大，对孩子而言，还有什么能比感知大自然更为重要的呢？"

在野外，小尼采很少蹦来蹦去，而是表现出很安静。有时，尼采的父亲见尼采这么安静，就为尼采歌唱一些民歌，或是讲些古希腊罗马的神话故事，小尼采特别喜欢听这些故事，常常让父亲为他讲这些故事。有好多故事他反复听着，甚至自己都会了。这样的野外郊游，给年幼的小尼采深刻美好的回忆，他对那些迷人的风景以及清新的泥土气息沉醉其中。

但令人惋惜的是，当小尼采仅有5岁时，尼采年仅33岁的父亲因脑软化症而远离人世。没几个月，刚2岁的弟弟约瑟夫也夭折了。至亲之人接连离去，尤其是父亲的离去，使得小尼采的内心受了重大打击。他如同刚吐芽的小草，尚未接受阳光的沐浴，就体会到人世的悲痛。至此，他原本平静幸福的生活瞬时改变了，无人陪他郊游，同他探讨各种问题，他的那颗幼小的内心变得脆弱而敏感。

虽然还有母亲的陪伴，但母爱并不是万能的，小尼采抚平忧伤的最好办法就是大自然。每当他感到悲伤时，他就孤身一人来到郊外，欣赏大自然的风光，徜徉于美景中，大自然的魅力如同永远使用不完的力量，能让尼采悲伤的心变得平静。

尼采从大自然中体会快乐，等到他长大后，仍然沉醉于大自然当中。他曾这样回忆道："我的童年时代，经历了过多的悲伤及灾难，我和其他活泼愉快的孩子并不一样……从小我就比较孤僻，总愿意待在无人打扰的地方，尤其是在大自然这座圣洁的殿堂中，我体会到发自内心的愉悦。绵绵细雨为我带来美好的感觉，轰轰的雷鸣和闪电使我产生对上帝的敬畏之心。"正是那奇妙美丽的自然为他带来无数灵感，让他的智慧得以发挥，终于写出恢宏巨作而享誉全球。

尼采语录

1. 要么庸俗，要么孤独。

2. 在所有的禁欲道德里，人把自己的一部分视为神，加以崇拜，因此被迫把其他部分加以恶魔化。

3. 倘若你想追求心灵宁静和幸福，那么请信仰吧；倘若你想做一个真理的追随者，那么请研究吧！

4. 完全不谈自己是一种甚为高贵的虚伪。

5. 人类唯有生长在爱中，才得以创造出新的事物。

6. 凡具有生命者，都不断地在超越自己。而人类，你们又做了什么？

7. 对真理而言，信服比流言更危险。

8. 婚姻不幸福，不是因为缺乏爱，而是因为缺乏友谊。

9. 女人忘记如何妩媚动人的速度越快，学会憎恨他人的速度也就越快。

10. 我感到难过，不是因为你欺骗了我，而是因为我再也不能相信你了。

11. 其实人跟树是一样的，越是向往高处的阳光，它的根就越要伸向黑暗的地底。

12. 对自己的害怕成了哲学的灵魂。

13. 那不能杀死我的，使我更坚强。

14. 世界弥漫着焦躁不安的气息，因为每一个人都急于从自己的枷锁中解放出来。

15. 千万不要忘记：我们飞翔得越高，我们在那些不能飞翔的人眼中的形象越是渺小。

16. 理解力迟钝的人以为迟钝是知识的本质。

17. 谦逊基于力量，高傲基于无能。

18. 人是在动物和超人之间一条绷紧的绳子，一条越过深渊的绳子。

19. 当我们勇敢的时候，我们并不如此想，我们一点也不认为自己是勇敢的。

20. 因为一切话语中最悲惨的那一句："我的上帝，你为何离弃我！"若从最深刻的含义上理解，如同它可以被理解的那样，便是对他终生幻觉的彻底失望和觉醒的证词；他在最痛苦的瞬间看清了自己。

21. 我的心上燃烧着我的夏，我的急迫的、炎热的、沉郁的、太幸福的夏：我的炎夏之心如何地渴望着你们的清凉！

22. 当你凝视深渊时，深渊也在凝视着你。

23. 别理会！让他们去唏嘘！夺取吧！我请你只管夺取！

24. 要真正体验生命，你必须站在生命之上。

25. 一切荣耀、尊敬、智慧、感谢、赞美和力量归于我们的上帝，永永远远！

26. 最危险的健忘——刚开始他们忘记去爱别人，最后在他身上再也找不到值得去爱的地方了。

27. 在他们（介壳类）身上，咸的泡沫代替了灵魂。

28. 诚实是一座阶梯，也是达到认识之前的手段之一。

29. 乐观主义，为了重建的目的，为了什么时候能被允许再次成为悲观主义者。

30. 我走在命运为我规定的路上，虽然我并不愿意走在这条路上，但是我除了满腔悲愤地走在这条路上，别无选择。

31. 一个伟大的人往往受到排挤、压抑，甚至被人斥为哗众取宠而陷于孤独中。

32. 最大的痛苦乃精神的最后解放者，由于这个痛苦，我们才得以了解事物最后且最深的真理。

33. 人类的生命，不能以时间长短来衡量，心中充满爱时，刹那即为永恒！

34. 人生乃是一面镜子。在镜子里认识自己，我要称之为头等大事，哪怕随后就离开人世。

35. 强烈的希望，比任何一种已实现的快乐，对人生具有更大的激奋作用。

36. 只有在这块土地上，在这块对人类和教士的生存来说基本上是危险的土地上，人才能够发展成为一种有趣的动物。只有在这里，人的精神才更高深，同时也变得更凶恶了——正是这两个原因使得人迄今为止优越于其他的动物。

12. 普希金母亲教育自满的儿子

普希金

（1799—1837）

（俄国）

被誉为"俄罗斯诗歌的太阳"的谢尔盖·普希金是俄罗斯著名的文学家、俄国最伟大的诗人、现代俄国文学的奠基人，于1799年6月6日生在莫斯科郊外的戈布里诺庄园。他创作了大量赞美自由、反对专制独裁的诗歌。他的诗歌深受那个时代年轻人的喜欢，然而沙皇政府却非常害怕。代表作有诗歌《自由颂》《致大海》《致恰达耶夫》等，诗体小说《叶甫盖尼·奥涅金》，中篇小说《上尉的女儿》等。

假如生活欺骗了你，不要忧郁，也不要愤慨！不顺心的时候暂且容忍；相信吧，快乐的日子就会到来。

——普希金

普希金的父亲谢尔盖·普希金是位贵族，母亲名叫娜杰日塔·奥西波娃。普希金在小的时候家庭条件比较优越，但父母亲并不疼爱他，因为父母认为普希金太过调皮好动。而且父母很喜欢玩乐，忙于应酬各种宴会及舞会，几乎没时间管教普希金。因此，由他的外祖母照顾他。外祖母的祖父是俄皇彼得大帝的黑奴汉尼巴尔，外祖母为人和蔼，她特别喜爱小普希金，也爱为小普希金讲述家族的荣耀以及俄国的历史故事。

但因外祖母年纪有些大，没有精力陪着小普希金，因而普希金更多的时间是由佣人兼保姆的阿丽娜·罗季昂诺夫娜照顾。她是个勤劳慈祥又善良的妇人，照顾小普希金特别尽心。这位保姆不但在生活上给予普希金照顾，而且还将很多民间谚语、童话讲给他听。这些民间故事以及她的良好性格都帮助小普希金成长。然而这位保姆也有缺点，她常常唉声叹气，说命运不公，小普希金也因此感染到她的消极情绪，所以在小的时候就很容易感伤，性格上有些消极。而且，保姆总是宠溺这个孩子，因而普希金有些固执，不愿听他人意见。

家里的长工尼基最喜欢带小普希金去爬山、滑雪，偶尔还会坐着由三匹马驾驶的车子去往美丽的白桦林，有时他会采郊外盛开的蒲公英，也会听农奴们欢送的民歌。普希金在这里感受到自然的美丽，但也因此学习了长工们的粗话，说话有些粗野，常常脏兮兮的到处跑。保姆不认识字，小普希金对一些事情感到好奇，但却没法从书中为他找寻答案，就随便编造一些搪塞过去。一天，小普希金询问：

"月亮为何有时圆有时缺呢？"保姆告诉他：

"月亮回家了，不圆的月亮只好出来了。"所以小普希金会觉得天上存在多个月亮，它们轮流出现。一天，小普希金询问母亲：

"妈妈，月亮们为何不同时出现呢？"母亲对这个问题感到很奇怪：

"为何要一起出现呢？天上只存在一个月亮。"

"不是的，天上存在很多个月亮，有圆月亮，有不圆的月亮。"小普希金坚持自己的观点。

"你为什么认为天上有很多的月亮啊？"母亲追问。

"是保姆跟我说的，她告诉我月亮一个个地出来。可它们为何不一起出来啊？"普希金还在询问这个问题。

母亲为小普希金仔细地讲解为何月亮有圆有缺，而且她认为不能这样教育小普希金了，就跟丈夫商量道：

"不要再让保姆照看小普希金了。"丈夫有点纳闷："怎么了？"母亲就说："孩子现在正是求知欲很强的时候，保姆没什么文化，她可能让孩子学很多错误的知识。"

"那怎么办才好呢？咱们每天都这么忙。"

母亲就建议："要不我们为孩子请个家庭教师吧。"

当时的俄罗斯流行法兰西文化。上等社会的人们都推崇过法式生活。普希金的父母的法语水平都很高。母亲很喜欢法国艺术，为了能让孩子接受到正宗的法式教育，她专门为普希金请来精通法国文艺及绘画的法国家庭教师，经过他的特殊教育，小普希金掌握了法语，又学会了绘画，在小时候就学会很多东西。之后，他靠着绘画天赋，还为自己创作的诗歌配了插画以及人物绘画，在俄罗斯《文学报》刊头所刊登的普希金画像就是他自己创作的。

普希金的叔父名叫瓦希里，是个有些名气的诗人，他发觉小侄子具有文学天赋，就教小普希金创作诗歌，可以说，叔父在普希金的一生扮演着重要的启蒙角色。在叔父的精心培养下，年仅七八岁的普希金就会创作诗歌了。叔父还时常要求他阅读文学书籍。小普希金总喜欢钻到父亲书房，在里面待上几个小时。那些幽默风趣或是情意绵绵的文学作品总让小普希金深受感染，使他深受启发。11岁的普希金差不多将所有的经典文学作品都阅读过了。

小普希金没多久就成了既会绘画又精通法俄两国语言的小天才了。他多种方面都流露出过人的天赋。他会创作诗歌、喜剧剧本、喜剧评论等。很快，普希金得到很多人的赞美，在俄罗斯文学领域，他的才能得到众人的肯定。甚至如巴丘什科夫、茹科夫斯基等文坛领袖人物还和小神童成了朋友。年过七旬的杰尔查文也认可他，在皇村读书期间，年幼的普希金创作的作品已超越那时所有的俄国作家。

对普希金的成就，父亲感到自豪，总爱带他一起去朋友那炫耀，普希金的周围都被赞扬掩盖。不但父亲的朋友们赞颂他，父亲也在他的面前多次称赞，小普希金对此特别骄傲，他满足于自己的天赋以及才能。母亲发觉小普希金有些骄傲自满，就告诉父亲说：

"今后不要当着孩子的面称赞他了。"

"这是为何？赞扬这么有才华的孩子不好吗？"普希金的母亲则说：

"孩子有才华确实值得高兴，但要是过多赞扬，就容易被称赞包围，人就会自满，并且产生虚荣心。"

"那怎么做好呢？即使我不称赞孩子，别人也会称赞的。"

普希金母亲说：

"我觉得应该客观对待孩子目前的成绩，只是适当赞扬就好。其他人的话，你可以提前告知朋友们，尽量不要让他们当面称赞孩子。我觉得朋友们能支持的。"

因为有了母亲的建议，慢慢地，小普希金就很少听到赞扬声了。一开始，他还不适应，有些沮丧，但聪慧的母亲对此给予特殊的关爱，她将小普希金带到郊外游玩，自然的美丽慢慢将孩子内心的失落抚平了，母亲会同小普希金聊些荣誉的事情。

"孩子，你希望成为有用之人吗？""当然了。"小普希金望着母亲说。

"这样的话，你不要理会他人评价。"

"为何呢？"

"别人的赞扬并不代表你的成绩，相反，这可能影响到你向前进步的步伐，你可能因此而扬扬得意，不再前进。"

"我该如何做呢？"

"无论是赞扬还是反对，不要理会他人的评价。要想有所成绩，就不能被这些东西迷惑。"

"妈妈，我明白了。"

在母亲的教育下，小普希金终于释怀了，他很快就投身到学习当中，而不理会他人的评价。

进入学校后，这个聪明的孩子更出类拔萃了。他的过人才能使得他在学生们中获得很高的称赞，但他却不自满。他很喜欢和朋友们一同去野外游玩，听那些歌舞剧，或是为朋友们讲故事，或是朗诵诗歌。他进入的是所贵族学校，这里的孩子特别希望有朝一日能够成名，然而普希金却不在意这些。他专心读书，这源于母亲的教育。普希金明白，诗歌是最令他痴迷，值得一辈子追求的东西，他在诗歌中才会感到快乐。

普希金语录

1. 失败之前无所谓高手，在失败的面前，谁都是凡人。

2. 你尽可注视别人的脸，但请信任我这颗心。

3. 敏感并不是智慧的证明，傻瓜甚至疯子有时也会格外敏感。

4. 一切过去了的都会变成亲切的怀念。

5. 生活多美好啊，体育锻炼乐趣无穷。

6. 人的影响短暂而微弱，书的影响则广泛而深远。

7. 对女人愈冷淡反而愈能得到她的注意。

8. 读书是最好的学习。追随伟大人物的思想，是最富有趣味的一门科学。

9. 从足趾可以认出狮子，从耳朵可以识别驴子。

10. 读书和学习是在别人思想和知识的帮助下，建立起自己的思想和知识。

11. 不论是多情诗句，漂亮的文章，还是闲暇的欢乐，什么都不能代替无比亲密的友谊。

12. "你最可爱"，我说时来不及思索，而思索之后，还是这样说。

13. 有两种模糊：一种源于思想感情的贫乏，只能用语言来替代思想感情；另一种源于语言的贫乏，语言不足以表达丰富的感情。

14. 假如生活欺骗了你，不要忧郁，也不要愤慨！不顺心的时候暂且容忍；相信吧，快乐的日子就会到来。

15. 世界的设计创造应以人为中心，而不是以谋取金钱，人并非以金钱为对象而生活，人的对象往往是人。

16. 你在孤独、悲伤的日子，请悄悄地念一念我的名字，并且说：这世上有人在怀念我，我活在一个人的心里。

13. 雨果父母教养体弱孩子的方法

雨果

(1802—1885)

(法国)

法国著名作家兼杰出政治活动家维克多·雨果生于 1802 年 2 月 26 日法国东部的贝桑松市。他是 19 世纪前期积极浪漫主义文学运动的领袖，在法国文学史上作出卓越的贡献。他一生创作了众多诗歌、小说、剧本、各种散文和文艺评论及政论文章。代表作品有《巴黎圣母院》《悲惨世界》。1885 年 5 月 22 日，雨果辞世，他的灵柩被安放在凯旋门一整天。全巴黎的人都赶来，为他送行。

在与外界环境接触的过程中，孩子会积极地调动自己的意志，锻炼自己的各种能力。因此在某种意义上，他成为了自己的创造者。

——蒙台梭利

身为一名作家，维克多·雨果得到法国人民最热烈的尊敬。在一些文献记载中，我们可知，当 1885 年雨果去世时，在法国巴黎，大概两百多万人参加了他的葬礼。送葬队伍 40 多公里。法国总统甚至为了哀悼雨果，让全国休假一天，这在法国历史上还是从未有过的事情。

雨果是在 83 岁去世的，可以说是寿终正寝，雨果能有这样的体魄归功于父母的精心培养。

1802 年 2 月 26 日，维克多·雨果在法国贝桑松诞生。他刚出生时，身体很虚弱，奄奄一息，连接生的人都说这孩子多半会不久于人世。

雨果母亲曾记录下雨果出生的情景，当雨果出生时，身长不足一把餐刀，周围人将他裹好，并将其放到安乐椅中，在椅子上可以容纳七八个他这样的小家伙。孩子气息很虚弱，人们都怕他随时没命。

在生育雨果前，母亲曾生有两个男孩，所以她懂得怎样照顾小家伙。虽说他不像哥哥们那么强壮，但母亲一定要将孩子挽救过来，她按自己的养育方式来养育他。

雨果出生不久就啼哭不止，不肯安静下来。望着一直啼哭的孩子，母亲对女佣人说：

"你别将孩子裹得太多了，其实他不需要。"

"夫人，这孩子体弱，没准着凉的。"女佣人很不明白。

"没关系的，你让炉火旺点，屋子暖和就可以了。"

女佣加好炉火后，雨果夫人又说："你可以将孩子的衣服都脱下去了。"

"全都脱掉吗？"佣人更为疑惑，不懂这个母亲的目的。

"哦，是这样的，你今天可以将他最外面的衣服脱掉，明天再脱去里面的。"

"为何要将孩子衣服脱下去呢？"佣人不懂。

"孩子降临人世没有穿衣服，现在他还不能适应这么厚重的包裹。"

"这样的话，孩子不会染病吗？"

"不要紧的，只要室内温度和人体温度差不多就行了。"孩子最终不再闹了。劳累的母亲仍挂念小婴儿。"我一定要让孩子健康活下去"，雨果的母亲对此态度坚决。她凝神望着小婴儿，孩子的每一个小举动都让母亲挂心。没多久，她觉得孩子有些吵闹，好像很紧张。因此她告诉佣人：

"把窗帘降下来吧，房间光线太强。"女佣人望着雨果母亲，非常奇怪。母亲解释说："孩子受不了太过强烈的光线，那样他会感到不安的。"

"为什么呢？"女佣人很好奇。

"婴儿一直处于黑暗的环境，适应不了光线，他需要适应过程。"

母亲好像特别理解小生命的内心。当她看见女佣将吃完奶的孩子放到旁边，母亲就会指出：

"不要将孩子放在那里，将他送回原来的地方。否则，孩子会感到不安的。"

"是的，夫人。"女佣人虽不知道原因，但仍照做了。

稍有体力的母亲就自己照顾孩子，孩子似乎有些强壮了。女佣将小婴儿的摇床挂上铃铛，又摇动摇篮，使得铃铛响起来，希望能够吸引婴儿。雨果母亲听到后告诉女佣说：

"还是将铃铛取下吧，现在孩子还不需要。""为何取下来呢？"女佣不明白，"之前我就是这样照看了很多个孩子，都是这样做的。"

"很抱歉，我要用自己那套抚养方法。况且这个孩子身体虚弱，稍有不慎，就不能活下来。虽说铃铛让孩子感到高兴，但孩子现在需要的是和母亲相近的安静的环境，太过吵闹的声音会让他不安的。"

有了母亲的特殊照顾，小雨果慢慢活跃了，和其他孩子一样了，母亲这才放心了。之后雨果想起母亲的照顾，还写下下面的话："高尚的乳汁，勤奋的喂养以及热切的企盼和慈爱，让我有了第二次成为母亲孩子的机会。"

雨果的父亲名叫莱奥波德·雨果，他是军官，长期在外，偶尔也会带着全家人一起去。去外地生活让孩子们很不适应，特别是小维克多更吃不消。虽说他活了，但身体并不强壮，脸上总是有伤心的表情，对这个年纪的孩子来说还是很少见的。周围人总能看见他躲在角落里的身影，无缘由地流泪，莱奥波德不希望雨果这样下去，就找时间劝慰小雨果。

"孩子，你身体虚弱，不如明天一起爬山去吧。"父亲对体弱多病的雨果说道。

"太好了。"原本心情低落的小雨果一下子跳了起来。

"你要有心理准备，不能半途而废。""我能做到的。"小雨果很肯定地说。

第二天，父亲同雨果去野外爬山。虽然山并不高，可是山路难行，路上有很多小坑，杂草很多。一开始，小雨果兴致勃勃，连蹦带跳的，有时追赶蝴蝶，有时采野花，可没多久他就疲惫了，气喘吁吁地跌坐在地上。

"爸爸，咱们休息一下吧，我觉得很累。"

"孩子，不能休息，山并不高，你总是休息。""我真的走不动了，爸爸，我没这么劳累过。"

"孩子，咱们起身，再爬山吧，你记不记得昨天对我说的话？"

父亲的多次鼓励，小雨果最终坚强地站了起来，费力地向前爬。即将登上山顶，没想到小雨果被绊倒在地上，膝盖被碰出血来，小雨果疼得直哭。

父亲走来，将他的伤口简单包扎后，就告诉他："孩子，不要哭了，你应该学会坚强。"

"爸爸，不如我们回去吧，我不愿意爬山了。"

"孩子，咱们再往前走几步就登上山顶了，你的伤口没事的，不要前功尽弃啊。"

"可是，爸爸……"

"坚持一下，向前爬。"

最终小雨果登上顶峰，他在石头上观赏了远处风景，内心喜悦，早就将疲惫抛之脑后，好像伤口也不疼了。小雨果这样高兴，父亲也很开心：

"孩子，假如你半途而废，就没法看到这样漂亮的美景了，做其他事情也是一样，一旦有了目标，就不要中途放弃。""我明白了，爸爸。"

莱奥波德一有时间就陪小雨果登山、游泳、打猎骑马，这样一来，雨果身体开始强壮起来。然而父亲更在意培养孩子的性格。一天，父亲同雨果去阿尔卑斯山旅行，以此磨炼雨果的意志力。天黑时分，附近没有人家，也没有饭店或是旅店。

"爸爸，咱们要吃什么啊，我现在很饥饿。"父亲将唯一的面包递给他说："这个是咱们的晚饭。"雨果望着面包，又询问道："那我们喝什么呢？"

"刚来的时候，我发现那里有泉水，咱们就喝泉水吧。"

"泉水可以喝吗？"小雨果对此有些不情愿。

"孩子，现在附近没有人家，咱们只好将帐篷扎在这里过夜了。你要懂得适应环境。这样，你日后碰到难题也不会毫无办法了。"

小雨果好像明白似的点点头。

因为有了父母的特殊教育，所以雨果不但身体得到锻炼，还有过人的毅力。4岁的雨果就背着书包同哥哥一起上学。他学习拉丁语以及希腊语。8岁就能阅读和翻译贺拉斯的作品。他同欧仁还曾在马德里学校教书。12岁的雨果就进入巴黎的戈蒂埃和德高特寄宿学校，在那里学习哲学和数学。他对学习很用心，又喜欢阅读书籍，常常看书看得出神，几个小时都不肯放下。他特别喜欢文学，十二三岁就写了上万行的诗歌，他还创作了一部喜剧歌剧剧本、一篇散文、一部史诗以及一部五幕诗体悲剧的大纲。他积极学习，痴迷般地学习。之后，雨果遇到很多人生考验，但他最后还是坚持下来，将问题解决，最终成了大文学家，创作了众多文学精品。

雨果语录

1. 使我们摔跤的往往是我们的朋友。

2. 一个专心致志思索的人并不是在虚度光阴。虽然有些劳动是有形的，但也有一种劳动是无形的。

3. 书籍是造就灵魂的工具。

4. 丧失人格的诗人比没有诗才而硬要写诗的人更可鄙，更低劣，更有罪。

5. 未来将属于两种人：思想的人和劳动的人。实际上，这两种人是一种人，因为思想也是劳动。

6. 教育！科学！学会读书，便是点燃火炬；每个字的每个音节都发射火星。

7. 自由只有通过友爱才得以保全。

8. 精神像乳汁一样可以养育人的，智慧便是一只乳房。

9. 我们的精神围绕着真理运转，好像群星围绕着太阳。

10. 所谓活着的人，就是不断挑战的人，不断攀登命运峻峰的人。

11. 人的智慧掌握着三把钥匙，一把开启数字，一把开启字母，一把开启音符。知识、思想、幻想就在其中。

12. 塑成一个雕像，把生命赋给这个雕像，这是美丽的；创造一个有智慧的人，把真理灌输给他，这就更美丽。

13. 多办一所学校，就可少建一座监狱。

14. 人生下来不是为了抱着锁链，而是为了展开双翼。

15. 哪里有思想，哪里就有威力。

16. 对于爱情，年是什么？既是分钟，又是世纪。说它是分钟是因为在爱情的甜蜜之中，它像闪电一般瞬息即逝；说它是世纪，是因为它在我们身上建筑生命之后的幸福的永生。

17. 应该相信，自己是生活的战胜者。

18. 坚持真理的人是伟大的。

19. 道德是真理之花。

20. 坚强、稀有的性格便是这样创造出来的：苦难，经常是后娘，有时却也是慈母；困苦能孕育灵魂和精神的力量；灾难是傲骨的奶娘；祸患是豪杰的好乳汁。

21. 顾虑好像一个面对权杖而没有胳膊的残废人，一个面对着结婚幸福的阉人。

22. 被人揭下面具是一种失败，自己揭下面具却是一种胜利。

23. 青年人，我们要鼓足勇气！不论现在有人要怎样与我们为难，我们的前途一定美好。

24. 在任何科学上的雏形，都有它双重的形象：胚胎时的丑恶，萌芽时的美丽。

25. 灾祸和幸福，像没有预料到的客人那样来来去去。它们的规律，轨道和引力的法则，是人们所不能掌握的。

26. 干精神工作的人而让自己从思想掉入梦想，必遭不幸！他自以为进得去便随时出得来，认为这两者之间没有什么区别，他想错了！

27. 在泥土下面，黑暗的地方，才能发现金刚钻；在深入缜密的思维中，才能发现真理。

28. 人生是花，而爱便是花的蜜。

29. 我宁愿靠自己的力量，打开我的前途，而不愿求有力者垂青。

30. 谨慎是智慧的种子。

31. 最高贵的复仇是宽容。

32. 这种落于俗套的高贵和风雅是再平庸低劣不过的。

14. 安徒生父亲的讲故事法训练

安徒生
（1805—1875）
（丹麦）

19 世纪丹麦著名童话作家汉斯·克里斯蒂安·安徒生，通称安徒生，是世界童话的文学创始人。他于 1805 年 4 月 2 日，生于丹麦欧登塞市的贫寒鞋匠家庭。他的童话代表作有《卖火柴的小女孩》《皇帝的新装》《海的女儿》《白雪公主》等，他共创作了 168 篇童话作品。他的童话故事激发了大量电影、舞台剧、芭蕾舞剧以及电影动画的创作。他的作品被翻译为 150 多种语言，成千上万册童话书在全球陆续发行出版。

我们身边很多普通的常见的东西，都是供孩子玩耍和教育孩子的工具，用这些东西作为孩子的精神食粮非常充足。

——卡尔·威特

世界童话大王安徒生为人们创造了一个个瑰丽无比的梦幻世界，全世界的孩子都沉浸在他的童话世界中。后人都为这位大师的丰富想象赞叹不已。

1805 年，安徒生诞在丹麦欧登塞市的贫寒人家。父亲是个皮匠，全家靠父亲修补鞋子维持生计，安徒生的母亲通过洗衣来挣钱。父母刚结婚时，只是租个破旧漏风的房子，没有床，只好向有钱人家讨来一副木架，其实那个木架是用来摆放棺材的。这位获得世界声誉的童话大师就在这放棺材的木架上诞生了。

父亲汉斯·安徒生虽说是个贫寒的小皮匠，但却有一定的文化修养，他并非只知道修补鞋子，而是将简陋的房间当成艺术天堂，墙上挂着画，橱柜摆放瓷器，又将工作凳放了一架自制的书架，架上放有诸如《一千零一夜》这类的书籍，使得简陋的房间散发着书卷气息。虽说安徒生的父亲很贫寒，但他有志将孩子教育成优秀之人。当安徒生还很小时，他就教孩子识字。安徒生原本就很聪慧，学习进步很大，父亲看了很欣慰。父亲最会讲故事，每天回家后，点上昏黄的油灯，就开始为小安徒生讲故事。父亲似乎有永远也讲不完的故事，这令小安徒生特别痴迷，每天都在这梦幻的世界中沉醉。

父亲白天都要忙于工作，小安徒生就和其他小朋友一同玩耍。这些孩子有些家庭比较富裕，有好多玩具，最吸引小安徒生的就是一辆玩具马车，当上紧发条后，小马车能自己跑起来。晚上，当父亲回家后，小安徒生说：

"爸爸，你为我买个小马车吧，我要玩那辆小马车。"

父亲知道安徒生想要的是什么时，叹口气说："孩子，有的人家比较有钱，能买小马车，咱家不富裕，爸爸挣来的钱只够全家人的口粮，没有其他的钱能买玩具。"

小安徒生好像明白了，就点点头。父亲知道他有些失落，就告诉他："孩子，富人的孩子有他们的玩法，穷人家的孩子自有玩法，明天，爸爸给你准备几个玩具，我猜你一定很喜欢的。"

"是这样吗?"小安徒生又兴奋起来。

"是的，只不过你要按爸爸的玩法玩。"

"好啊，到底是什么呢?"安徒生很是期待。

"明天你就知道了。"

第二天，父亲就将准备好的玩具送给安徒生。原来是表情多样的几个小皮木偶，父亲用做鞋剩下的皮改造出来的，又为它们涂抹出五颜六色的颜色。这里面有小仙女、魔法师、老巫婆和小孩子，它们神色各异，小安徒生特别喜爱，他拿起这些小皮偶就想跑出去，父亲赶忙制止住他：

"等一下，你要按着爸爸的规则来玩。"

"什么规则呢？"小安徒生赶忙问道。

"这样的，"父亲慢慢地说，"你要为小皮偶编一个故事，你可以用到一个小皮偶，也可以用到几个，或是所有的皮偶。"

"哦，爸爸，我从来没编过这些故事呢。"

"你先试试看，"父亲鼓舞他说，"你想象一下，你肯定能编好的。"

有了父亲的支持，小安徒生试着编造他的故事了。他说：

"很久以前，有一个小孩子，他特别爱去森林玩耍。一天，他遇到一个老巫婆，巫婆抓住了小孩子，命令小孩子每天替自己砍柴烧火，小孩子时刻都想逃跑，老巫婆为了能套牢他，就给小孩子施魔法，使孩子永远也找不到正确的出路，只有用魔法才能救出小孩子……"

小安徒生渐渐构思自己的故事。停止的时候父亲就继续鼓励他说："慢慢来，不要心急。"因此，小安徒生思考片刻继续讲故事。终于，他讲完整个故事。父亲说："孩子，你讲的故事真棒，只是有些地方不太完美，当然，刚开始尝试自然有这些问题。你能讲出整个故事真是太棒了。"

得到父亲的肯定，小安徒生很开心，于是同他的小皮木偶一起进入梦乡。

第二天晚上，刚吃过晚饭，父亲就告诉小安徒生说："孩子，咱们继续玩昨天的游戏，再用小皮木偶编个故事。"

"爸爸，还要编吗？昨天都编过了。"小安徒生很奇怪。

"是的，孩子，你再编个故事吧。"

安徒生编着："很久以前，有个贪玩的小孩……"

"不要讲同一个故事，昨天你的故事就是小孩，今天换个其他玩偶为主角吧，这样更容易些。"安徒生刚开始讲，父亲就打断他。

安徒生仔细思考片刻，就开始了他的故事："很久以前，有一个仙女，她很想去人间看一看，于是偷偷溜到人间。可没想到她在森林里迷路了，无论她怎么走，都没能走出森林。她正着急之时，碰到一个老巫婆，巫婆知道她是仙女，于是故意为她指条错误的路，将仙女骗到家里，当仙女就要睡觉的时候，偷偷地拿走仙女的衣服。因为仙女没有衣服，就不能回到天上……"

安徒生就这样流畅地将故事编完了，而且没有停顿。听完故事后，父亲高兴地说："看来你已经有进步了，只是情节上还可以再修改一下，咱们明天继续玩这个游戏吧。"

因为安徒生知道晚上又要讲故事，于是白天就想好了要讲的故事。到了晚上，全家都在油灯下听小安徒生讲故事。

"很久以前，有一个魔法师，他在河边碰到一个来到人间的仙女，没想到他刚见到这个仙女就爱上了她，只是魔法师太丑……"

"等一下，"父亲打断小安徒生，"他到底有多丑呢，你能说一下他长的什么样吗？"

小安徒生思考片刻，说："他有个大头，前额突出，又掉了大半个头的头发，只剩几根枯黄的头发还在头上。他的眼睛也不规则，一大一小，嘴巴总是张开的，似乎都不能合上。"

"这确实太丑了，"父亲也笑了，"那仙女是什么模样呢？"

安徒生停顿了一会儿，说："仙女头发是金黄色的，如同波浪一样的鬈发披在肩上。眼睛是深蓝的颜色，如同大海一样。脸是淡红色的，在她的周围还围着几个小鸟，因为它们知道这是仙女，所以总是围在她的身边。"

"她的鞋子是什么样的呢？"

小安徒生又想了一会儿说："她的鞋子……嗯，我不知道她的鞋子是什么样的，因为长裙盖住了。"

这次，父亲终于露出了满意的笑容："很不错，孩子，你接着讲吧。"

于是，小安徒生又开始了。父亲正是用这种玩偶游戏的方式，打开了小安徒生想象的翅膀，使他学会了编故事。父亲鼓舞他，将所编的故事用文字记录下来。

安徒生深受父亲的独特教育的影响，为后来编撰那些无穷魅力的童话故事做了铺垫。只有十几岁的安徒生就开始创作作品，并将这些作品送给当时知名的文学家拉贝克阅读，拉贝克对这些作品极口称赞，他说安徒生有极强的天赋，富有想象力，如同一块璞玉尚未雕琢。经过拉贝克的推荐，安徒生得以上学，开始从事创作。我们知道，就是因为有了父亲的独特教育方式，才使安徒生走向成功。

安徒生语录

1. 旅行对我来说，是恢复青春活力的源泉。

2. 仅仅活着是不够的，还需要有阳光、自由和一点花的芬芳。

3. 有了一些小成绩就不求上进，这完全不符合我的性格。攀登上一个阶梯，这固然很好，只要还有力气，那就意味着必须再继续前进一步。

4. 清白的良心是一个温柔的枕头。

5. 凡是能冲上去，能散发出来的焰火，都是美丽的。

6. 记住，死就是一个伟大的搬家日！

7. 只要你是天鹅蛋，就是生在养鸡场里也没什么关系。

8. 当我还是一只丑小鸭的时候，我做梦也没有想到会有这么多的幸福！

9. 寒冷的冬天现在要到来了，小燕子说，我要飞得很远，飞到温暖的国度里去。你愿意跟我一块儿去吗？你可以骑在我的背上！你用腰带紧紧地把你自己系牢。这样我们就可以离开这丑恶的鼹鼠，从他黑暗的房子飞走。

10. 对任何歌唱者来说，聆听者眼中的泪水是最好的报酬。

11. 一个人在年轻的时候，可以而且应该投入到生活中去，和生活融成一片。

12. 一个人的年轻时代是诗的时代。

15. 达尔文舅舅的兴趣引导法

达尔文

（1809—1882）

（英国）

1809 年，伟大的生物学家查尔斯·罗伯特·达尔文在英国什鲁斯伯里诞生。达尔文早期因地质学研究而著名，而后又提出科学证据，证明所有生物物种是由少数共同祖先，经过长时间的自然选择过程后演化而成。1831 年 12 月 27 日，因亨斯罗教授的推荐，达尔文得以登上"比格尔"号，随船进行考察。在航行中他收集到很多的植物标本以及矿石标本，之后，达尔文通过收集的资料最终创作出生物学领域的巨作《物种起源》。达尔文的理论成为对进化机制的主要诠释，并成为现代进化思想的基础，在科学上可对生物多样性进行一致且合理的解释，是现今生物学的基石。

当孩子很小就应着重培养孩子的观察力，这样他才能对所有事物充满好奇。

——卡尔·威特

1809 年 2 月，在英国什鲁斯伯里达尔文诞生了。其父亲罗伯特·瓦林获得荷兰莱顿大学医学博士学位。因他的医术高超，赢得全郡人的信任，成了皇家学会会员。他很希望达尔文也能从事医学考上医学院，继承自己的事业，于是劝告小达尔文：

"孩子，你要认真学习，以后跟父亲一样当个医学博士。"

"爸爸，我都记住了，你告诉我好多遍了。"达尔文都有些厌烦了。

"你记得最好，赶快做作业吧，待会我就检查。"

达尔文偷偷伸了伸舌头，就回自己房间了。一个多小时过去了，达尔文的父亲前来检查他的作业，只见达尔文在书桌前，正聚精会神地玩弄着自己收集的贝壳和小石子，父亲询问："你有没有将作业完成呢?"

达尔文正在兴头上，根本没注意父亲已经进来了。听到父亲的问话，他吃了一惊，结结巴巴地说："哦，爸爸，我很快就写完作业了。"

父亲勃然大怒，伸手就将贝壳和小石子丢到地上，之后冲达尔文大喊："你每天都玩弄这些没用的东西，都不想学习了，照这样下去，你能有什么出息?"

达尔文很不服气地说："在学校我都认真学习，并没影响到学习。"

父亲更发火了："你还说学校呢，校长巴特勒博士就告诉我好几遍了，他说你在课上总是玩和学习内容无关的东西，如果继续这样的话，他就会开除你的。"

"这能帮助我好好学习的。"达尔文不情不愿地将作业本从书包拿出来。但是没几分钟，他就不愿意学习了，父亲稍不留神，他就从屋里跑出来。

当时达尔文正读小学，他特别喜欢学习自然史，尤其喜欢收集。可能他天生就有这方面的兴趣，因为他的兄弟姐妹中都没有人喜欢这些的。达尔文收集各式玩物，例如贝壳、火漆印、钱币以及好多矿石。他还为每个植物命名，他希望能成为研究分类的自然科学家、古玩的收藏家，他根本就不想成为医学家。这使得父亲的美好期望落了空，父亲既伤心，又不知道如何能让儿子回心转意，只好失落地去询问达尔文的舅舅威奇伍德，希望能从他那里得到帮助:

"这孩子每天都这么贪玩，不用心学习，我真没好办法。"

"他都喜欢玩些什么?"威奇伍德询问。

"比如说石头、贝壳、小硬币、小昆虫等等，都是这些千奇百怪的东西，真不知道他从哪儿找到的。"

"哦，是这样啊，让我来教育他吧。"威奇伍德微笑着说。

一个周末，威奇伍德到达尔文家，告诉达尔文："咱们今天去林子的池塘边钓鱼，好吗？"

达尔文知道要去林子里玩，高兴得跳起来说："太好了，咱们赶快出发吧。"

达尔文家附近有一片林子，他们二人朝着林子的方向走去，路上舅舅问他："你平时常来这里玩吗？"

"当然了，我差不多每天都来这里，只是现在父亲不许我来，我都是偷跑出来的。"

舅舅又问道："你平时都玩些什么呢？"

达尔文兴高采烈地告诉舅舅："我玩好多有趣的东西，有时捉蝴蝶，有时捉鱼，有一次我还抓到一条蛇呢。"

"那你知道蝴蝶是如何出生的吗？"舅舅问他。

"当然是它妈妈生的了。"达尔文不假思索地说。

"你天天捉蝴蝶，但又不了解它们，"舅舅笑着说，"它们跟人类可不一样，不是从妈妈肚子里出来的。"

"那它们是从哪里来的呢？"达尔文很不解。

"它们是从虫子里变出来的。"

"我不信，虫子跟蝴蝶区别那么大，怎能变成蝴蝶呢？"

"这就是大自然的神奇之处，每个物种都有自己的神奇的存在形式。你以后多学习自然就会懂的。"

"可是我最不喜欢读书了。"

"其实大自然也是一本书，从中能学到好多知识，而且还是通过自己实践得来的。你以后来这里，就要细心观察，你就能学到很多东西的。"

"舅舅，你小的时候也喜欢去林子里玩吗？"达尔文问道。

"是啊，舅舅和你一样，也愿意在大自然中玩耍，在这里能有许多学校没教过的东西。"

"你知道，小蝌蚪长大后变成什么吗？"

达尔文有些难为情地说："我不知道。"

"今天咱们抓几只小蝌蚪，你拿回去慢慢研究，以后就知道了。"

经过舅舅的引导，达尔文更加迷恋大自然。他特别喜欢抓鸟蛋。因此，他将鸟巢中所有的鸟蛋都拿走了，当然，这并非因为贵重，而是为了能更方便观察它们。达尔文尤为喜爱钓鱼，他常常坐在河边，目不转睛地盯着鱼钩上的浮子。他听其他人说过，盐和水能够杀死蚯蚓，他就抓来几只蚯蚓，特意将它们放到盐水中做实验。之后，他就不用活的蚯蚓钓鱼了。他还常常特别认真地观察那些小昆虫和小动物们，从中也知道好多以前没注意的东西。

舅舅过段时间又来到他家，达尔文兴奋地告诉他：

"舅舅，我现在知道蝌蚪长大后变成什么了。"

"是吗？这说明你学到新知识了，但只知道还不够，你有没有将一切都记录下来？"

达尔文摇了摇头，舅舅说："你今后要学会记录，将每天观察的东西都记载下来，这对你有帮助。"

"好的，"达尔文说，"但是我很好奇，为什么蝌蚪长大后成了青蛙呢？它们的区别好大啊？"

舅舅说："书上写有答案，因此你要读书才能知道好多东西，懂得这些你玩起来会更有趣的。"

之后，达尔文每天都在自己的本子上记录下来观察到的东西，为了将这些记录的东西弄懂，他喜欢上读那些大自然书籍。父亲看到达尔文这么喜欢读书，非常欣慰，又为他买了很多的图书，比如动植物图书，文学名著等等。渐渐地，达尔文学习的内容越来越广泛，学习成绩也提高了，而且成功地从中学考上大学。

1831 年，英国海军招募一名去南美进行科学考察的博物学家，目的是测量和绘制美洲的水文地质图，达尔文经他人推荐最终获得这次机会。科学考察一共 5 年，在这 5 年里，达尔文精心观察收集了数万种动植物标本，记了丰富的笔记。达尔文发现，有亲缘关系的物种居住地也很近，相反，地理距离越远，物种就表现出更大的差异性。几乎每个物种都随着地理位置的改变而变化着，这呈现出一种规律性。之后，达尔文就是靠着这些收集的资料，写出了震惊世人的科学巨著《物种起源》，并且进一步提出了生物进化论，使人类的文明向前迈了一大步。达尔文在晚年时曾对别人说，就是他在孩童时期养成耐心观察和记录的习惯，才有了他现在的成就。

达尔文语录

1. 我一贯力求思想不受束缚。

2. 在科学上面没有平坦的大路可走。

3. 我必须承认，幸运喜欢照顾勇敢的人。

4. 完成工作的方法是爱惜每一分钟。

5. 寿命的缩短与思想的虚耗成正比。

6. 我相信我没偷过半小时的懒。

7. 我从来不认为半小时是我微不足道的很小的一段时间。

8. 科学就是整理事实，以便从中得出普遍的规律或结论。

9. 人类在道德文化方面最高级的阶段，就是当我们认识到应当用理智控制思想时。

10. 我之所以能在科学上成功，最重要的一点就是对科学的热爱，坚持长期探索。

11. 我不能忍受游手好闲，因此，我以为只要我能够做，我就会继续做下去……

12. 不要因为长期埋头科学，而失去对生活、对美、对待诗意的感受能力。

13. 脾气暴躁是人类较为卑劣的天性之一，人要是发脾气就等于在人类进步的阶梯上倒退了一步。

14. 敢于浪费哪怕一个钟头时间的人，说明他还不懂得珍惜时间的全部价值。

15. 谈到名声、荣誉、快乐、财富这些东西，如果同友情相比，它们都是尘土。

16. 无知者比有知者更自信。只有无知者才会自信地断言，科学永远不能解决任何问题。

17. 我的生活过得像钟表的机器那样有规则，当我的生命告终时，我就会停在一处不动了。

18. 我在科学方面所做出的任何成绩，都只是由于长期思索、忍耐和勤奋而获得的。

----

16. 林肯继母的培养宽容法

林肯

（1809—1865）

（美国）

美国伟大的民主主义政治家——亚伯拉罕·林肯，1809 年诞生于美国的退伍军人家里。林肯是美国第 16 任总统，也是首位共和党籍总统。在他担任总统期间，美国爆发了内战，史称南北战争。林肯击败了南方分离势力，废除了奴隶制度，维护了国家的统一。2006 年，《大西洋月刊》评亚伯拉罕·林肯为影响美国的 100 位人物第 1 名。最新版 5 美元纸币正面就是亚伯拉罕·林肯的头像。在他担任美国总统期间，签署了著名的《解放黑奴宣言》，并将当时美国社会政治经济中的主要问题都解决了。1865 年 4 月 15 日，林肯不幸遇刺身亡。林肯对美国社会有很大的推动作用，人们也尊称他为"新时代国家统治者的楷模"。

你应该保持沉默与宽容，其实假如每个人都热衷于揪出他人的错误或者已知的问题，之后又毫无遮拦地公布于世，这样的话，我们的生活实在太糟糕了。

——卡尔·威特

美国有句谚语："林肯般真诚与宽容"，从这句谚语中我们可以知道这位伟人的美德，这离不开他的母亲对他的教育。1809 年亚伯拉罕·林肯生于美国退伍军人家里。他的父亲是个上尉，负责保卫当地治安，因为获得的薪水很低，还需要做些伐木工作来维持生计。林肯很小时，母亲就教他识字，然而不幸的是，当林肯9岁时，她就去世了。父亲又娶了黛丝，黛丝成了林肯的继母。继母很聪明能干，会做针线活，又将家里的所有东西都收拾得有条不紊的。刚开始，林肯不能接受这个继母，很不喜欢她。

我们能够理解这时的小林肯，他总是对别人说他的继母很不好：

"我的继母都不识字，真是太笨啊。"

小林肯很少跟继母说话，即使继母做的饭他都不想吃。这样全家氛围就不太好，因为这样，父亲开导小林肯好多次：

"孩子，你要喜欢你的继母，她很善良。"

可是小林肯并不听他的话。

黛丝很善解人意，她能体会小林肯的心情，因此从不说什么。一次，小林肯很想买一本关于华盛顿的书籍，但没有钱，黛丝知道后，用自己的钱为小林肯买了这本书，并送给小林肯：

"你以后要认真学习，长大后成为有所作为的人。"

小林肯拿到书，激动万分，他开始接受黛丝。之后，他对继母开始友善起来，继母很关心林肯，常常鼓励他多学习，努力培养他的诚实善良。一旦林肯有烦心事，继母就会宽慰他，为他排忧解难，林肯非常敬畏这个善良宽容的继母。

因为家庭贫困，12岁的林肯不得不辍学了，成为一名伐木工。当时伐木工人挣的钱很少，砍伐一立方平米木材只有1.2美元的酬金。当时伐木靠的是人力劳动，工作效率很低，一个人两天只能砍伐一立方米的木材。每砍伐一棵树，伐木工都会在木头的根部用墨水写上伐木工名字的头一个字母，以此证明是自己砍伐的，老板依据这些为伐木工支付工钱。林肯全名亚伯拉罕·林肯，所以每当伐了一个木材，他就写上"A"，可是，有一天，林肯发现自己辛勤流汗砍伐的十多棵木头变成了"H"，很明显，这是有人偷盗林肯的劳动果实。

林肯气急了，他告诉继母："我猜肯定是亨得尔那个浑蛋干的，我找他算账去。"

继母对林肯说：

"孩子，你不要心急，我先给你讲个故事吧。"

"讲故事？这事跟故事有关吗？"

"嗯，你先听，就知道了。"黛丝静静地开始讲故事。

"很久以前，有一片森林。里面有个名叫斑卜的善良人，他靠打猎生存，常常在林子中铺好捕猎的套子。他总是将捕猎工具放在野兽常常出现的地方，因此他基本上每天都有所获。一天，他又去拿他的猎物，没想到捕猎套子上只剩几根动物的毛，猎物显然让他人拿走了，斑卜特别生气，只是不知道到底是谁拿的，于是写个纸条，但他又不会写字，于是画张生气的脸放在捕猎套子里面。第二天他又去找猎物，发现捕猎套子上有个大树叶，上面画的是圈，圈里画的是房子以及房子边上的正在狂吠的狗。斑卜虽然不懂什么意思，但他很奇怪，这人为何拿了我的猎物还画画呢。他觉得有必要同这个人见面，于是他画个烈日的太阳表示正午时分，又在捕猎套子里面画了两个人。第三天的正午时分，他又过来了，没想到有一个身着野鸡毛的印第安人等候他。因为他们言语不通，所以只能用手比画着，印第安人告诉斑卜这里是他们的地盘，斑卜无权在这里打猎。斑卜也用手势告诉他，这里我放了捕猎机关，别人不能拿走他的猎物。两人都是比比画画，很是滑稽，都被彼此逗笑了。斑卜想着，与其和他为敌，不如多个朋友，因此就慷慨地将自己的捕猎套了送给印第安人。"

"就这样，彼此都和好了。后来，斑卜有次打猎时被狼群追赶，无奈逃到悬崖下面，当他睁开眼睛，看到的是自己睡在印第安人的帐篷中，身上的伤口也被印第安人涂上了药膏。从此，他与印第安人就成了好朋友，两人住在一起，一同打猎。"

故事讲完了，黛丝笑着对林肯说："你赞同斑卜的做法吗？"

"我认为他做得很对，这样少个敌人，多个朋友。"

"那你希望多个朋友还是多个敌人呢？"

"我当然希望多个朋友了。"林肯不假思索地说。

"是啊，孩子，你要懂得宽容，这样才能让自己的道路越来越广。否则，你就会处处树敌，离成功就会很远。"

"母亲，我懂了。"林肯点点头。

之后，林肯始终牢记母亲的教诲，宽容使得他为日后的道路奠定了基础，最终他成功地担任美国第16任总统。对于一个平民家庭的人来说，这简直就是个奇迹。在美国南北战争时期，林肯的宽容展露出巨大的作用。南方奴隶主因为有着著名军事家的指挥，所到之处所向披靡，眼看就要攻到美国临时的首都费城了。在这千钧一发之际，有人推荐有军事才能的格兰特，但所有的国会议员都反对说："格兰特整天就知道喝酒，脾气又暴躁，绝对不能胜任领导军队的工作。"

但林肯却认为：

"人无完人，我们要看到他的优点而非只看到他的缺点。格兰特将军有军事才能，能征善战，这正是我们当下最需要的。"

因为有了林肯的坚持，格兰特得以指挥士兵，抵御南方军队。果然，格兰特靠着他过人的军事能力，没多久就扭转了战局，打败南方军队，最终获得南北战争的胜利。

这时，人们才深刻体会到林肯的宽容大度，只是很少有人注意到他的宽容的继母。林肯曾回忆起这位继母，内心充满尊敬与感恩。据说，林肯的办公室挂着这样的文字："宽容比批评更能改变一个人。"林肯身上的这种宽容，就是来源于母亲黛丝的教育。

林肯语录

1. 预测未来最好的方法就是去创造未来。

2. 与其跟一只狗争路，不如让它先行一步；如果被它咬了一口，你即使把它打死，也不能治好你的伤口。

3. 性格犹如树林，名声犹如它的影子。影子是我们所思考的东西，树就是那个东西。

4. 最重要的是，在关键的时刻能够坚持原则。

5. 千万不要纵容自己，给自己找借口。

6. 为了赢得胜利，也许你不得不干一些自己不想干的事。

7. 学会忍受不公平，学会恪尽职责。

8. 确信无法突破的时候，首先要选择的是等待。

9. 如果你没有选择的话，那么就勇敢地迎上去。

10. 适应环境，而不是让环境适应你！

11. 历经严酷的训练是完善自我的必由之路。

12. 现实中的恐怖，远比不上想象中的恐怖那么可怕。

13. 失败者任其失败，成功者创造成功。

14. 永远记住，你自己决心成功比其他什么都重要。

15. 我们关心的，不是你是否失败了，而是你对失败能否无怨。

16. 一个人在前面走得太快而使全国跟不上，是没有好处的。

17. 马克思父亲的旅行教育法

马克思

（1818—1883）

（德国）

伟大的思想家卡尔·马克思于 1818 年 5 月 5 日诞生于德国莱茵省特尔城的一个律师家庭。他集政治学家、哲学家、经济学家、社会学家、革命理论家、记者、历史学者、革命社会主义者于一身，是马克思主义的创始人。他的观点在社会科学和社会政治运动的发展中扮演重要的角色。主要著作有《共产党宣言》《资本论》等。

孩子在一岁前，我们就尽量带他去所有的地方，为他认真讲解他看见的所有事物，特别是他感兴趣的。

——卡尔·威特

1818 年，卡尔·马克思诞生于德国莱茵省特尔城的一个律师家庭。父亲亨里希·马克思娶了一位荷兰女子罕丽·普列斯堡，他们虽然生育很多个孩子，但只有卡尔·马克思，以及女儿索菲亚、爱米利、路易莎最终活了下来。因全家只有一个男孩，因此家人对卡尔·马克思寄予厚望。可以说，他的童年非常幸福。

因父亲亨里希是犹太人，自然，卡尔·马克思也同样继承了犹太人的聪慧，亨里希从不为孩子的智力操心，卡尔的聪慧以及天赋让他充满希望，他觉得，只有获得这些才能接任自己的事业进而造福人类。母亲虽然也很疼爱儿子，只是因为家务劳累，有心无力，所以卡尔·马克思从母亲那里得到的只是温柔的怀抱以及幸福的家庭，他的教育主要是父亲负责的。亨里希是个成功的律师，有高昂的收入，有能力为小马克思请教绘画和音乐等课程的家庭教师。亨里希不但按照普通犹太家庭教育子女的方式教育孩子，而且除此以外，还有独特的教育方式。

当马克思年仅2岁时，亨里希就教孩子学习母语。他不但教马克思从书本上学习，还为马克思创造学习纯正的德语的环境。亨里希为孩子准备不同的学习环境，有时带小马克思去花园中、树林里，通过这种方式让小马克思准确地学会了常见的德语。

当马克思三四岁时，亨里希认为有必要增长孩子的见识，于是他常常带着小马克思出去旅行。他带着马克思去过维森菲尔斯、沃尔利兹、马格德堡、施腾达尔。小马克思在这些地方见到了很多从未看见的东西。亨里希还带他到各地的社区，让他见识很多有趣的东西。正是这些使得小马克思的知识面极大地扩展了。幼年的小马克思脑海中会浮现出许多同龄孩子所不知道的东西，例如河马、大象、音乐会、剧院、蒸汽机、风车等等。孩童时期最擅长观察，小马克思在旅行中观察记住了很多东西，有时比成人观察得更仔细。好多年后，他还能清晰地记住一只缺个牙齿的骆驼，也记得有个风车的一片风叶出现裂痕。

更有甚者，亨里希还会带小马克思去贫民窟，那里有很多穿着破旧衣衫的人，他们是如何生活的，他们的愁苦，令马克思久久难忘。一次，小马克思看见有个小乞丐在路上乞讨，小马克思对此很吃惊：

"他在做什么呢？"

父亲告诉他："他向周围的人乞讨。"

"他为何要乞讨，难道他的父母不照顾他吗？"

父亲说："孩子，社会上还有很多遭遇不幸的人们。"

"那没人照顾他们吗？"

"是的，社会是这样的，你要认真学习，以后学会挣钱才能过上好日子。"

亨里希给小孩一些钱之后就带着小马克思离开了。

由于长期的旅行，小马克思很小就开始认识社会，他常同父亲议论一些他所见的问题，亨里希常常鼓励他多发现问题，就这样，与同龄孩子相比，马克思成为一个更有广阔见识的孩子。

为了让孩子每次旅行都有所获，亨里希每次出门前都会阅读很多相关书籍，准备去德累斯顿时他的妻子很好奇：

"为什么你每次旅行前都要看书学习呢？"

"我希望能尽可能多地熟悉要去的地方，这样就能知道在那里孩子能认识到什么。"

"你之前不也去过德累斯顿了吗？"妻子继续问道。

"是的，我确实在那里停留了很长时间，但我之前是用成人的眼光来体会这个地方的，而非用孩子的思维去思考，所以我并不知道到底哪些对孩子最有价值。"

"也就是说，这次你的目的是陪孩子去的。"

"是啊，这次主要是为了孩子，孩子是最主要的，我只扮演导游的配角。"

"你打算带孩子看哪些东西呢？"

"我认为应该去看看德累斯顿的艺术馆。之前我去过那里，我认为那儿的古玩文物能帮助孩子学习历史。"

"你们计划要在那里很长时间吗？"

"可能两三周吧，因为不光是艺术馆，那儿还有很多名胜古迹，这些都可以让孩子了解到很多课本上学不到的知识。"

"之后还要去哪里呢？"

"嗯，那附近还有几个风景区，我可能也要带孩子去看看，大自然有着神奇的感染孩子的功能，我之前去过那里，我更坚信孩子会在那里大大提升审美水平的。"

"这应该是最后一站了吧？"妻子继续问道。

"哦，不，我还要拜访几个老朋友，他们也有跟马克思年纪相仿的孩子，孩子们彼此沟通，对他们很有好处。"

"你要花费这么长的时间？那你的工作呢？"

"事务所基本上没什么事情了，我早就处理好了，也告诉助理了，有事让他临时代为处理一下。"

就这样，亨里希同小马克思在德累斯顿待了很长一段时间。亨里希原以为自己对那座城市早就了如指掌，但没想到的是他的了解还差得很远，他又特意请来一位专职导游作为他和小马克思的向导。小马克思对这里的美景非常痴迷，对孩子而言，这里简直就是天堂，他们每到一处，或是看见一件艺术品，亨里希就请导游用标准的德语重复好几遍，自己也要反复高声说上好几次。

导游对此很不解，就询问亨里希：

"为何你总是让我将那些名词重复几遍呢？"

"这样做才能让孩子有更深的印象，要知道，重复能加深孩子的记忆。"

导游得知亨里希的良苦用心，因而他总是语速缓慢地介绍景点，两位大人都十分重视小马克思的想法，一直询问他的感受，这样更巩固孩子的记忆。

每次游玩归来，亨里希要求小马克思认真回想一下当天所看到的东西，并用文字记录下来，寄给母亲，通过这种方式不但能巩固孩子关于景物的记忆，还能提升他的文字书写能力。一开始，小马克思写得有些吃力，但渐渐地就适应了。

旅行又可以让孩子的身体得到锻炼，小马克思有着惊人的毅力，有时甚至让亨里希感到震惊。小马克思无论多么疲惫，他也不愿在大人们的面前表现出来。显然，马克思继承了母亲荷兰人的英勇好强的性格。

由于有了长期的旅行，小马克思见识更加宽广，在和小朋友玩耍的时候，朋友们对他见多识广非常敬佩。这个年仅 5 岁的小孩去过的地方，看到的东西，甚至比成年人还要多很多。而马克思又将亲身体会存放到脑中，这为他以后入学学习以及从事后来的工作铺平了道路。有了这些经历，小马克思较为深入地了解社会，使他从小比同龄人走得更远，最终为人类作出巨大的贡献。

马克思语录

1. 体力劳动是防止一切社会病毒的伟大的消毒剂。

2. 良心是由人的知识和全部生活方式来决定的。

3. 我们现在必须完全保持党的纪律，否则一切都会陷入污泥中。

4. 最好是把真理比作燧石——它受到的敲打越厉害，发射出的光辉就越灿烂。

5. 共产主义革命就是同传统的所有制关系实行最彻底的决裂。

6. 科学绝不是一种自私自利的享乐。有幸能够致力于科学研究的人，首先应该拿自己的学识为人类服务。

7. 作家当然必须挣钱才能生活、写作，但是他绝不应该为了挣钱而生活、写作。

8. 我们知道个人是微弱的，但是我们也知道整体就是力量。

9. 工人阶级的团结就是工人胜利的首要前提。

10. 一切经济最后都归结为时间经济。

11. 人创造环境，同样环境也创造人。

12. 环境正是由人来改变的，而教育者本人一定是受教育的。

13. 环境的改变和人的活动的一致，只能被看作是合理的并理解为革命的实践。

14. 只有集体在，个人才能获得全面的发展其才能的手段，也就是说，只有在集体中才可能有个人的自由。……在真实的集体的条件下，各个个人在自己的联合中并通过这种联合获得自由。

15. 没有无义务的权利，也没有无权利的义务。

18. 勃朗特父亲的顺其自然法

勃朗特三姐妹

（夏洛蒂 1816—1855）

（艾米莉 1818—1848）

（安妮 1820—1849）

（英国）

勃朗特三姐妹——夏洛蒂、艾米莉、安妮因她们各自的代表作在英国文学史上占有一席之地，她们在英国的一个贫穷的牧师家庭出生。夏洛蒂·勃朗特的成名作《简·爱》，在《简·爱》中夏洛蒂描写出女性独立性格；艾米莉·勃朗特最著名的是《呼啸山庄》；安妮·勃朗特代表作为《艾格妮丝·格雷》。英语文学名人史中的三个席位被一家三姐妹占据了，恐怕连众多男性作家都自叹不如，无怪乎会有络绎不绝的崇拜者们在英国哈沃斯的勃朗特故居寻觅三姐妹留下的痕迹。

想要孩子有所发展，就要为他准备一个能充分发展的环境。

——蒙台梭利

勃朗特三姐妹——夏洛蒂、艾米莉、安妮因她们各自的代表作在英国文学史上占有一席之地，她们因此也享有世界文学家的美誉。姐妹三人在贫穷的牧师家庭出生，父亲帕特里克·勃朗特早年担任一所郊区小学的教师工作，他边学习边教书，之后做了牧师，在约克郡娶了玛丽亚·勃兰威尔小姐，他们生有 6 个孩子，1816 年，第三个女儿夏洛蒂出生，1817 年，家里仅有的一个男孩勃兰威尔出生，1818年艾米莉出生。最小的女儿安妮生于1820年。因为家务劳累，1821年他们的母亲玛丽亚去世，6个年幼的孩子无人照顾，最大的孩子还不足7岁，而痛失爱人的勃朗特先生尤为悲伤，只能靠宗教信仰来寻求安慰。勃朗特先生收入比较低，没法让6个孩子都入学受教育，只好自己教育孩子。他每天教6个孩子读书、写字、学数学。因为他还要工作，因而教育孩子的时间有限，为了不让孩子们耽误读书，他只能再想别的办法。

一天，勃朗特打听到一位名叫威尔逊的牧师在他家附近办了一所慈善女子学校，入学费用很低，他打算将4个较大女儿送入这个学校。于是他将10岁的大女儿玛丽亚、9岁的伊丽莎白、8岁的夏洛蒂、7岁的艾米莉送入那个学校。该学校办学条件很简陋，威尔逊牧师的教育很苛刻，为人古板，毫不考虑女孩子的自尊。有一次上课时，夏洛蒂将刚从外面采来的花朵戴在头上，威尔逊看到后，马上训斥夏洛蒂：

"我之前就警告过，上课的时候不能特意打扮自己，你难道不知道吗？"

夏洛蒂否定说：

"我只是戴了一朵小花而已，并没有特别打扮自己。"

"即使是小花也不准戴，"威尔逊怒斥着，"你要记着，现在你们在这儿上学，就要听我的话。"

威尔逊这样严格苛求学生，他想要学生对他唯命是从，一旦有人提出其他意见，他就反复说，他们是寄人篱下，之所以得到教育，是依靠他人的施舍。勃朗特家的女孩子们都感到自尊心很受挫，她们特别生气，但没办法，只好忍下去。

学校吃的东西也很差，孩子们喝的粥是煳的，居住的地方也有恶臭味，孩子们常常吃不下去学校的食物。因而勃朗特家的孩子总是很饥饿，她们原本瘦弱的身体变得更糟了。寒风凛冽的严冬，原本饥饿的孩子又要忍受寒冷的侵袭。

后来，夏洛蒂在她的小说《简·爱》写到幼年的痛苦："糟糕的是，我们吃的东西总是不够，而我们这些处于发育期的孩子又要吃得更多，可那些食物连一个羸弱的病人的口食都不够。"

除此以外，威尔逊常常用大人的准则规范孩子。哪个孩子不听话，就要受到鞭笞，这种糟糕的条件下，校规苛刻，孩子们备受摧残，好多女孩子都生病了。勃朗特家的孩子在这个环境下备受折磨。即使温和的大姐玛丽亚都受到老师的辱骂。她长期忍着，但这种压抑的生存状态终于让她一病不起，1925年，她因病重回家了，结果没几天就去世了。很快，二女儿伊丽莎白也病重回家，也在这一年的夏天去世了。两个姐姐相继去世，夏洛蒂和艾米莉难以承受这样重的打击，她们更为痛苦。因此没多久都退学了，远离了那个给她们带来痛苦的地方，回到哈沃斯。

悲痛的勃朗特先生有了这次的痛苦遭遇，决心不将孩子们送入学校，而是为他们打造愉悦的环境，这样，勃朗特家的孩子都回到牧师公馆，继续他们自由的生活。此时年仅9岁的夏洛蒂成了最大的孩子，她这个负责任的大姐耐心照顾着几个弟妹。家里的牧师公馆在约克郡，由长方形的石头盖成的房子。孩子们的书房是其中的一间房子，孩子们每天都在这里学习，有些疲惫就去外面玩，公馆门前的小院子长满青草，房后能够通往野外，那是一片有很多奇石和杂草的荒原。这几个小孩子常常来这里散步游玩，很快就爱上这片神奇的土地，畅快地在这里游玩。这里还有连绵起伏的小山丘，溪水在山谷间穿梭，泉水拍击石头，石楠铺满山地。荒原寂静优美，孩子们迷恋这片荒原，常常在这里玩得不亦乐乎。这样美丽的大自然为他们带来无穷的快乐。

一有空，勃朗特先生也会陪孩子一同前来，他善良正直，有些清高，有着爱尔兰人的激情。勃朗特先生早年就出版过《茅舍诗集》，后又出版过《乡村游吟诗人》，他如此痴迷文学，也深深地影响到孩子们。有时，他紧闭书房门，在里面创作诗歌，之后为孩子们朗读，孩子们对此感到非常幸福，也开始热爱文学，常常在一起探讨文学。孩子们这样痴迷文学，他们在这个小氛围里彼此鼓励，共同享受幸福快乐的精神食粮。

那时已经认字的夏洛蒂和勃兰威尔也常常为妹妹们朗诵一些诗歌，并对她们感兴趣的话题进一步探讨。有时也阅读著名的文学作品，孩子们被故事牵动心弦，有时甚至为剧中人物哭泣。就这样，孩子们在很小的时候就开始接触各类书刊，他们阅读过莎士比亚以及欧辛等人的作品，喜欢阅读《圣经》以及阿拉伯故事。在这种自由平等的氛围中，他们的早慧也被开发出来，他们更痴迷文学，特别是比较年长的三个孩子更决心以后走文学的道路。

在轻松愉快的氛围中，孩子们醉心于复杂的游戏中。一天，勃朗特先生为了让孩子们的生活更丰富些，为孩子们买来一盒玩具。这是一个滑稽可笑的小木头兵，孩子们立刻被吸引了。他们分别为木头兵命名，又为它们分配了角色以及境遇。他们将过去知道的东西编成故事。孩子们编的故事越发离奇，又将这个木头兵游戏命名为"年轻人"。

孩子们在他们的游戏中玩得不亦乐乎，从夏洛蒂的文字记载中可见一斑。这些游戏的开始和进展就是早期的文学创作。

夏洛蒂记录"岛国人"的文字如下：

11月的一个晚上，雾色蒙蒙，冰冷的雨点转为狂风怒吼，我们在厨房的暖炉围坐一团，一起闲聊。这时，是否应该点蜡烛，塔比与我们有不同意见。最终她获得胜利，我们听从她，不点蜡烛。接下来是一片沉寂。最后，勃兰威尔打破沉默，他慵懒地说：

"太无趣了，我不知道咱们要做些什么。"

安妮和艾米莉也这么认为。塔比说：

"那我们回到床上休息。"

勃兰威尔很不情愿："我除了睡觉，做什么都愿意。"

夏洛蒂也纳闷地问塔比：

"为什么你今天这么无精打采呢？我觉得，假如我们每人都有属于自己的小岛，那多么奇妙啊！"

勃兰威尔说："要是这样，我就挑人岛。"

安妮说："我选根赛岛。"

艾米莉说："我选阿兰岛。"

夏洛蒂说："我选威特岛。"

随后，我们就开始挑选岛上的首领。我让威灵顿公爵以及他的两个儿子担任首领。当自鸣钟敲了七下响钟，我们不得不上床睡觉了。

这则记录简直就是一篇内容丰富的文学作品。他们兴致勃勃地玩着"岛国人"游戏，衍生出很多岛上的英雄，增添了新的情节，人物关系更为曲折复杂。随后四个孩子用小纸条"创造"各自岛国的历史，并在报刊中报道岛国的变迁。就这样，他们调动了全部大脑细胞，极富写作欲，他们创作大量文字，并装订成册，书册同玩具兵的比例刚刚正好，似乎是为这些玩具兵量身定制的。夏洛蒂和勃兰威尔创作他们心中的盎格鲁国的历史。艾米莉以及安妮用诗歌散文的体裁编写贡达尔王国的历史，女主人公身上都富有离奇的经历以及独特的个性。勃朗特姐妹们早期的创作就显露出戏剧性，展示出极高的想象力及创作能力。

勃朗特姐妹们痴迷这些游戏，在游戏的过程中，她们的想象力也得到了足够的开发。她们创作很多作品：14 岁的夏洛蒂已有 22 部作品，每本都有 60 页以上。她去世后，这些手稿最终出版。这种玩游戏的方式为单调的生活增添无穷的快乐，不但提升了她们的写作水平，而且为日后的文学创作奠定了扎实的基础。

1847 年 11 月，《简·爱》终于公开发行了，刚出版就即刻轰动一时。这本书文字优美，塑造了有反抗意识、渴望自由平等的新型女性。随后，《呼啸山庄》以及《艾格妮丝·格雷》也先后出版，都深受读者喜爱。一年后，人们才发现，原来这三位作者居然都是勃朗特家的女儿——夏洛蒂、艾米莉、安妮。这些作品中都有很多真实的生活事例以及感情色彩，所以作品显得尤为感人。姐妹三人都将文学作为终生努力的目标，她们通过自身努力，终于为后人留下文学巨著。

勃朗特三姐妹语录

1. 真正的友谊不是一株瓜蔓，会在一夜之间蹿将起来，一天之内枯萎下去。

——夏洛蒂·勃朗特

2. 我最害怕的莫过于闲散怠惰，没事可干，无所作为，官能陷于麻痹状态。身体闲置不用，精神就倍感苦闷。

——夏洛蒂·勃朗特

3. 像橡树般一寸寸成长起来的友情，要比像瓜蔓般突然蹿起来的友情更为可靠。

——夏洛蒂·勃朗特

4. 哪怕全世界的人都恨你，都相信你坏，只要你自己问心无愧，你也不会没有朋友的。

——夏洛蒂·勃朗特

5. 暴君拼命压迫他的奴才，而这些奴才并不反对他，却把比自己更卑微的人们轧得粉碎。

——艾米莉·勃朗特

19. 凡尔纳母亲的顺子教育法

凡尔纳

（1828—1905）

（法国）

　　法国科幻作家及冒险作家儒勒·凡尔纳1828年诞生于法国南特的律师家庭。他是现代科幻小说的重要开创者之一，同时是小说家、博物学家、科普作家。他一生写了六十多部大大小小的科幻小说，总题为《在已知和未知的世界漫游》，被誉为"科幻小说之父"。由于凡尔纳知识非常丰富，他小说作品的著述、描写多有科学根据，所以当时他小说的幻想，如今成为了有趣的预言。他的代表作是科幻及冒险小说系列《在已知和未知的世界漫游》。另外他的重要作品有三部曲《格兰特船长的儿女》《海底两万里》《神秘岛》。

　　孩子如果找到令他们感兴趣的东西，就可以将内心的躁动情绪稳定下来，变得聚精会神。

——蒙台梭利

　　儒勒·凡尔纳拥有同时代人难以企及的无穷的想象力，这点很令人不解。直到一百多年以后，他创作的科幻小说依旧深有魅力，虽说许多在当时属于虚拟的情节，如今却变成了现实。1828年，儒勒·凡尔纳诞生于法国南特的律师家庭。他的父亲皮埃尔·凡尔纳开办一家律师事务所，收入非常高。人们都说，皮埃尔·凡尔纳是一位非常虔诚的宗教信徒。在他的生活中，宗教位置很高，可以说皮埃尔·凡尔纳将宗教和道德看得很重。当然，对儒勒·凡尔纳的教育中也深受宗教的影响。

"孩子，你要常常向上帝祈祷。"

"为什么呢？"凡尔纳似乎对所有事情都要弄清楚。

"因为上帝能够保护你。"

"那上帝在什么地方呢？"

"上帝存在于生活中的每一个角落。"父亲没有耐心回答了。

"那我为何看不见他？"凡尔纳还是没有彻底明白。

"不懂就不要问了，你知道要用心祈祷就足够了。"父亲总是这样敷衍着。

如今，人们在皮埃尔的笔记中得知，身为父亲的他长期为凡尔纳灌输道德及宗教。因为他是个虔诚的基督教信徒，对待宗教极为严肃，因而他希望儿子也像他一样信奉上帝，为这种信仰不懈努力。

可是怒斥和灌输并没遏制住儿子的好奇心。因为畏惧父亲，凡尔纳就询问母亲。

母亲索菲·德·拉·菲伊慈祥而聪慧。她深受基督教义影响，虽然也如同丈夫一般信奉基督教，但她慈祥和蔼，性情随和，总是乐于为凡尔纳答疑解惑，这让家庭充满温馨与愉悦。母亲对凡尔纳来说更为亲切，他一有什么问题，总是先求救母亲。

"妈妈，我想上天空中看星星。"凡尔纳仰望天空，充满想象。

"傻孩子，人怎么能到天上去呢？"

"妈妈，你相信天堂真的存在吗？"

"我想是的，不过妈妈也不知道。"母亲并没有遮遮掩掩。

"那些星星是天堂的灯吗？为何它们会一闪一闪的呢？"

"那是因为云彩遮住星星，所以我们看到的是一闪一闪的。"

"那星星为何会亮呢？"凡尔纳好像在自问自答，"如果我能去天上一探究竟就好了。"

母亲知道凡尔纳很好奇星空，就为他买来很多科普方面的绘图书。凡尔纳对这些书籍爱不释手。有时碰到自己不明白的地方，就跑去问母亲：

"妈妈，我从书上得知咱们生存的地球是圆的，真的是这样的吗？"

"是的，孩子。"

"可我怎么也没感觉到地球是圆的，会不会是书上弄错了？"

"书上没有错，之前人们一直认为地球是平的，无边无际，后来人们才知道，原来地球是圆的。"

"难道我们一直居住在圆形的球上？那地球里面是由什么构成的呢？"凡尔纳对此很好奇。

"地球里面有石头、水、火等物质。"

"地下居然有水和火？"这真令凡尔纳难以置信。

"这是真的，不但地球是圆的，你每天看到的太阳和月亮以及天上的星星都是圆的。"

"那星星上有人居住吗？是不是存在一个像咱们这样的世界呢？"凡尔纳又幻想起来。

"这个妈妈也不知道，因为还没有人去过那里呢。"

"真的吗？真是太神奇了，妈妈，宇宙真神奇啊！"

凡尔纳越来越痴迷科学知识，从那以后，他几乎不去教堂做礼拜，而是不停翻阅那些科普书籍，有时一个人目不转睛地仰望天空。这使得他与父亲皮埃尔的宗教信仰有了一定的差距，他开始不完全听信教义了。

我们从儒勒·凡尔纳之后的经历来看，他并不完全崇拜宗教，但他始终追求科学知识。虽然他还是个天主教徒，但不那么事事听命教规，很少再做弥撒。可以说，童年的兴趣最终让凡尔纳成为自然神论者，这也成就了他日后的创作。他的代表作《从地球到月球》《地心漫游记》，均是他童年兴趣得来的。

对凡尔纳产生深远影响的还有他居住的地方。儒勒·凡尔纳小时候住在费多岛，家里的房子正处于卢瓦尔河支流的末端及费多岛的码头上。费多岛风景秀丽，虽只是一座小岛屿，但从那里能够观赏到波涛汹涌的海浪。凡尔纳非常喜欢这个地方，他总爱到码头上玩耍，码头上停有四面八方而来的渔船以及运盐船，熙熙攘攘的鱼贩子在码头上，远远望去，港口抛锚的帆船以及码头上忙碌的人们构成一幅风景画。有着强烈好奇心的凡尔纳时常到码头上来，他总是认真观察那些被晒得黑乎乎的水手以及扬帆起航的帆船。

在这座岛屿上居住的凡尔纳总是被这些迎风起航的帆船深深吸引着，他对这一切十分着迷。船只有时停留岸上，有时迎风起航，船上人们操作船只，这共同组建的一幅动人美景，让小凡尔纳对此总是展开天马行空的想象。

"喂，你们的三桅帆船实在是太漂亮了，你们从哪里来的呢?"

凡尔纳十分钦羡那些和他年纪相仿的少年见习水手。

"我们来自英国。"

"你们还要去其他地方吗?"

"是啊，我们要去往印度。"少年水手对此很是自豪。

"那你要在这里待很长时间吗? 能不能给我讲讲行船经历呢?"

"可以啊，只不过我们在这儿停留几天就要离开了。"

很显然，凡尔纳对陌生的国度以及神秘的海岛充满了无尽的幻想。从船上运下来的物品以及国外的东西常常令凡尔纳非常向往。凡尔纳喜欢面朝大海，看着海水涨潮，吞没整个小港湾，凡尔纳对着大海展开想象的翅膀。他似乎感受到大海在向他招手。

"海上很有趣吗?"

"是啊，有时能碰到很大的鲸，还有鲨鱼。"

凡尔纳更加兴奋："你能带我一起去海上吗?"

"哦，不行，我只是见习水手，要有雇佣合同，才能上船来。"

凡尔纳非常想去异国他乡探险。他向这位小水手详细询问船上的生活。我们可以猜测他们会谈些什么。

"你能不能也帮我拿到一份雇佣合同呢? 我也想去印度。"

"可能没办法，因为没有时间了，我们只有三天就要离开了。"

"那还有没有其他办法呢?"

　　凡尔纳的脑中浮现出印度的奇特瑰伟，想象远航中可能碰到的各种危险，想象着船如同巨鸟的翅膀展开翱翔，他跟着船一起开往远方。这会是多么神奇而美丽的冒险啊！于是凡尔纳又开始哀求这位水手。

　　"好了，我可以把我的合同送给你，但你要给我一笔钱，不是很多。"这样，他们达成了协议。

　　1839 年的一个夏天，早晨 6 点凡尔纳就偷偷出门，只有 11 岁的少年离家远行，开启了他的探险旅程。他偷偷跑到格雷努耶尔的水道那里，同他之前约定的两位见习水手找到一个小船。当人们忙于起航之际，其中的一位少年水手被凡尔纳换下来，一切都顺利完成。

　　等到天明的时候，父母才发现凡尔纳失踪了。他们到处寻找，可没人知道他去了哪里。后来，一个格雷努耶尔水道的船员告诉他们，他曾看见凡尔纳连同两个年少的见习水手去了前往印度的科拉利亚号远洋船。这个船只应在潘伯夫停靠。皮埃尔知道后火速乘一艘火轮船，赶往潘伯夫，终于在这艘船上找到这个如此冒险的儿子。回家后，凡尔纳被狠狠地怒斥一顿，最后还被迫发下誓言，以后再也不能旅行了。

　　虽说这次探险未能成功，但水手生涯仍深深影响着凡尔纳。正是这对遥远的地方充满的遐想，成就了他作品中的一个重要主题就是远航。成名后的凡尔纳还曾袒露其内心的秘密："我每次看见扬帆出发的船只，我的身心都会追随其中。"

凡尔纳语录

　　1. 敢于崇尚牺牲，才能成就英雄。

　　2. 科学固然好，但有时会出错，然而本能是永远也不会出错的。

　　3. 人类既不能呼风唤雨，也不能叱咤浪涛，该不该制止自己狂妄地凌驾于造物主之上的行为呢？

　　4. 当科学开始说话的时候，那就只好闭口不言，但科学是从错误中产生，犯这些错误乃是必要的，因为这些错误逐渐导致真理。

5. 经商固然好，哲学价更高。

6. 任何事物都不应该过早成熟，包括进步。

7. 敢于希望，才能成就伟大。

8. 但凡人能想象到的事物，必定有人能将它实现。

9. 无意中占有同类自由的人都不应该宽恕，在任何情况下都不能。

20. 诺贝尔父亲的以身作则法

诺贝尔

（1833—1896）

（瑞典）

　　瑞典化学家及发明家诺贝尔生于1833年10月21日瑞典的斯德哥尔摩市。诺贝尔是瑞典化学家、工程师、发明家、军工装备制造商和硝化甘油炸药的发明者，曾拥有军工厂，主要生产军火；还曾拥有一座钢铁厂。诺贝尔一生共获得了三百五十多项发明专利权，他在硝化甘油炸药、达纳炸药、胶质炸药这些领域作出杰出的贡献，他的发明使得人类文明向前迈进了一大步。在他的遗嘱中，将自己的巨大财富创立了诺贝尔奖。

　　成人可以通过努力为孩子打造一个适合成长的外部环境，从而让孩子更好地自我完善。

——蒙台梭利

　　1833年在瑞典的首都斯德哥尔摩，诺贝尔诞生了。他的父亲墨纽·诺贝尔是工程师兼机械师，但他更喜欢研究火药。他本人沉默寡言，每天将所有的精力都投身到自己的研究中去。有一次，诺贝尔找不到自己的父亲已经有好几天了，于是就询问母亲：

　　"妈妈，我的爸爸去哪儿了，为什么这么久都不回家呢？"

　　"孩子，你的爸爸做他的研究呢，他特别忙碌。"

　　"爸爸不管我们了，难道研究很重要吗？"

"是的，那非常伟大，差不多消耗掉你父亲的所有精力了。"

"那爸爸什么时候能研究出来呢?"

"这个不好说，研究需要不断探索，能不能获得成功并不重要。等过段时间父亲不那么忙碌了，他就会回来的，我们要支持他，不要抱怨，知道吗?"

"我没有抱怨，等我长大了我也和爸爸一起研究。"

"真是个乖孩子，那你先要好好学习，要不然怎么帮助爸爸呢?"

从这时起，诺贝尔的内心就开始萌生了从事科学研究的种子，这都归功于父亲的身体力行以及母亲的教诲。他的母亲安徒丽尔·娅赛虽说只是个农家妇人，没什么文化，但却非常宽容，她懂得怎样才能开启孩子智力，因为得到她的鼓励，诺贝尔学习非常认真，读了许多书籍。

8 岁的诺贝尔入小学读书，虽说成绩不是很高，但他学习很刻苦。读二年级的时候，放学回家的诺贝尔十分震惊，原来他家的房子如同经历了一场火灾，变成了废墟。母亲努力寻找着还有些用处的东西，父亲缠着绷带，有些愧疚地站在一旁。四周都围观着人，诺贝尔挤进人群中，拉着妈妈的手询问:"妈妈，发生了什么事情?"

"孩子，没事的，只不过你爸爸研究时不小心发生了意外。"

原来，父亲做实验的时候无意中碰到了炸药，将自家的房屋都炸掉了。诺贝尔于是询问父亲:"爸爸，为什么这样呢?"

父亲想了一会儿，用尚未受伤的手抚摸诺贝尔的脑袋说:"孩子，想要获得成功是要有所牺牲的，科学研究同样如此。房子被炸掉了没关系，可是也连累你们了。"

母亲在一旁安慰他说:"没事，只要人在，最终都会好起来的。"

"现在我们住哪里呢?"诺贝尔询问。

"先去亲戚家里住吧，以后再想办法重新建房子。"母亲仍然微笑着说，"我们早晚能渡过难关的。"

当诺贝尔一家还计划着重新建房子之时，邻居们有意见了，有人对诺贝尔的父亲墨纽说:"先生，假如您还想居住在这里，一定不能再从事这方面的研究了，否则，早晚有一天你也将我们的房子都炸掉了。"

面对邻居的警告，墨纽很坚持："我绝不会放弃这项研究的。"

"这样的话，你还是搬走吧，否则，你会将这里毁掉的，没准我们也跟着丧命。"

小诺贝尔听到后，插了一句："我爸爸以后一定会注意的，不会发生这样的事了。"

"哦，小鬼，你不懂，看看你家房子现在变成什么样了，这是最好的证明。"

邻居们离开后，父亲告诉诺贝尔："如果想要获得成功，就要攻克重重难关，这个世上没有笔直平坦的路。"

小诺贝尔似乎也明白了："爸爸，我知道了。"

幸好，这时，俄国有人聘请墨纽·诺贝尔去研究，所以他们举家迁往俄国，墨纽又全身心地投身到科研当中。小诺贝尔第一次来到这个陌生的地方，因为言语不通也没法上学读书，只能在家里自学俄语。母亲认为这样下去对他的发展不利，就对墨纽说：

"孩子如今都长大了，该去学校读书了，不能总是待在家里。"

"他不正在学习俄语呢吗？等他学会了，就能入学了。"

"学门外语并非易事，等到他学好了再送到学校都已经晚了。"母亲思考半天，终于说，"不如我们请个家庭教师吧，让家庭教师教孩子学习。"

"这是个好办法，一定要请最好的老师，这关乎孩子以后的发展。"

"那就寻求俄国的朋友帮忙吧，我们并不熟悉。"

不久后，诺贝尔的老师尼古拉·吉宁来到他的身边。他是后来有名的化学家，他担任诺贝尔的家庭教师好多年，深刻影响了诺贝尔的一生。尼古拉不但教诺贝尔学习俄语及学校必学的课程，还积极鼓励诺贝尔多阅读书籍，勤于思考。一天，他问诺贝尔：

"你希望长大后从事什么事业呢？"

诺贝尔立刻回答："之前我想当个科学家，只是我现在改变主意了，我希望能当个文学家。"

尼古拉又问："这关乎你以后的发展，那你为何想成为科学家呢？"

诺贝尔说："以前我想帮爸爸一起研究炸药，但我现在改变主意了。"

"为何改变主意呢？"

"因为炸药会伤到其他人，炸掉我家，也可能炸掉别人的房子。但我不明白为何爸爸还那样努力研究。"

尼古拉说："你父亲很伟大，你要懂得，科学家就是要探索世界的奥秘，到时候如何利用这些科研成果，那就是其他人要做的了。"

"如果不研究不好吗？"

"不，炸药的确能够毁坏东西，但用它也可以开采矿物，修筑道路，为人类造福，炸药在某些方面确实起到很好的作用。"

"那炸药到底是好处多还是坏处多呢？"

"你这个问题提得很好，"尼古拉说，"不光是炸药，所有的科学都会有这样的问题。许多哲学家也在探讨这个问题，我有一些关于这方面的书籍，你可以看一下。"

"书上的观念和你的看法一致吗？"

"并不一致，我是这样认为的：摧毁一切的心理是人类本性就有的，即使没有发明炸药和枪支，人类也会有其他毁灭的行为，并非科学研究带来的。"

"也就是说你赞同研究炸药了，对吗？"

"是的，我比较赞同，我觉得人要有善良之心，这样就能对人类有益。当然你可以有自己的想法。你说说为何想当文学家呢？"

"我非常喜欢文学，"诺贝尔说，"我喜欢看那些名著。"

尼古拉笑着说："兴趣固然很重要，但不能光靠兴趣，你要知道你对哪方面最有天赋。你现在还没有充分了解自己，因而会有冲突，早晚你能作出最后的决定的。"

经过尼古拉的精心教育，诺贝尔读了很多书籍，其中既包括文学、哲学方面的，也有很多科学研究方面的，诺贝尔学习进步很大。等到他 17 岁的时候，他终于发现在科学研究方面的能力远比文学方面大得多，于是他决心继承父业，成为化学家。十几年过去了，诺贝尔靠着不懈努力，最终研制出硝化甘油炸药、安全炸药、无烟炸药等等炸药，又申请了很多专利。后来，他知道人们利用他的发明成果点燃战争，他特别伤心，但他记得尼古拉老师的谆谆教导，永葆善良之心。当他即将去世前，他将自己的所有财产创设了诺贝尔奖，专门奖励那些有益于人类之人。

诺贝尔语录

1. 我更关心生者的肚皮，而不是以纪念碑的形式对死者的缅怀。
2. 不尊重别人的自尊心，就好像一颗经不住阳光的宝石。
3. 生命，那是自然付给人类去雕琢的宝石。
4. 人生最大的快乐不在于占有什么，而在于追求什么的过程中。
5. 我看不出我应得到任何荣誉，我对此也没有兴趣。
6. 科学研究的进展及其日益扩充的领域将唤起我们的希望。
7. 我的理想是为人类过上更幸福的生活而发挥自己的作用。
8. 传播知识就是播种幸福。……科学研究的进展及日益扩大的领域将唤起我们的希望，而存在于人类身心上的细菌也将逐渐消失。
9. 在这个爆炸性的世界上能够看到开放得像玫瑰花那样鲜红的和平之花，抱着越来越真诚的希望。
10. 我真想发明一种具有那么可怕的大规模破坏力的特质或机器，以至于战争将会因此而永远变为不可能的事情。

21. 马克·吐温母亲的差别教育法

马克·吐温

（1835—1910）

（美国）

在美国，马克·吐温家喻户晓。1835 年，他生于美国的弗吉尼亚，堪称美国最知名人士之一。马克·吐温为人幽默、机智、交友非常广泛，迪士尼、魏伟德、尼古拉·特斯拉、海伦·凯勒、亨利·罗杰等人，都是他的朋友，被誉为文学史上的林肯。马克·吐温共发表短篇小说70 多篇，大部分为小品。代表作有《卡拉维拉斯县知名的跳蛙》《竞选州长》《神秘的访问》。19 世纪60 年代末，马克·吐温在美国的东部，又创作了长篇小说《傻子旅行记》《过苦日子》以及《镀金时代》。19 世纪70 年代，他创作了《汤姆·索亚历险记》《在密西西比河上》以及《哈克贝利·费恩历险记》。马克·吐温的代表作《哈克贝利·费恩历险记》，同时也是美国经典名著。

人们总爱忽视这样的事实：教育应该有差异性，要因材施教。

——卡尔·威特

马克·吐温是个家喻户晓的文学家，他生于美国的弗吉尼亚。父亲约翰·马歇尔·克列门斯是当地有名的法官，他为人不苟言笑、公正无私。

马克·吐温上有个姐姐和哥哥，下有个弟弟。年幼的马克·吐温性格喜动，在别人看来不是个乖孩子。但他的弟弟很安静懂事，聪明的母亲懂得如何利用孩子的天性从而教导他们。

因为马克·吐温很调皮,他曾做过一件"壮举",那就是在"霍立弟"山上撬石头。他们居住的村庄后面有个三百英尺高的山崖,最上面有个巨大的悬石。马克·吐温和小朋友们都希望知道那块巨石掉落下来会如何,所以他们费了从没使用过的大力,使劲将巨石从地基上撬起来,全力将其推到山顶的最边缘,然后众人齐力将巨石推下,巨石开始翻滚,并发出阵阵轰隆巨响。巨石所到之处,树木摧毁、葡萄、榛子丛都被碾碎。兔子们惊吓得四处逃窜。巨石如同雷霆,从山上轰隆而来,将沿途的所有都压成扁平状,最终飞到一个箍桶匠铺里面,将铺子的巨大的木箍桶碾碎。工匠们看到工作台被飞驰而来的巨大不明物体毁坏,惊恐万分,纷纷逃窜。当他们回过神来才知道那是个巨石。于是寻找巨石为何掉下的原因。那时那几个小孩子早就逃跑了。他们对巨石滚落后的情况非常满意,高高兴兴地回到镇上。

当马克·吐温的父亲知道事情的经过后,大发雷霆,眼看就要揍小马克·吐温了。他的母亲赶忙阻止,说:"好了,还是让我来教训他吧,我会让他长记性的。"

父亲说:"那好吧。只是你一定要给他个深刻的教训,免得他以后再做这样的事。"

聪慧的母亲当然没有责罚他,只是告诉他:"你知不知道这非常危险,没准那块巨石会压死人的。"小马克·吐温沉默了,母亲继续说:"那块石头这么巨大,你们如何将它推到山下呢?你们几个小孩子怎么能够将巨石推动呢?"

"是我们推下去的。"小马克·吐温对此很是骄傲。

"好吧,那你把怎样推那个巨石的整个过程都写下来,每点都要写得很清楚,要不然我肯定不相信的。"

"我写好了就能不罚我了吗?"小马克·吐温询问。

"这只是其中的一个小小惩罚,你先写,明天再告诉你其他的处罚。"

小马克·吐温兴致勃勃地将小伙伴们一起推动巨石的所有过程都精彩

地记录下来。

第二天，母亲看到这篇文章很高兴，她早就发现这孩子有着良好的表达能力，只是当时她的脸上没有流露出半点赞扬的表情，而是对他说："那好吧，这是初步的惩罚。下一步惩罚，你要刷这堵墙。"

"刷墙是最终的惩罚吗？"小马克·吐温问着。

"是的，你要早点儿将墙刷完。"

这样，小马克·吐温有了新的工作。墙的面积很大，他觉得自己工作实在太辛苦了，于是他想出个好办法。当有孩子走到附近时，他就假装刷墙是个很享受的工作，使劲劝说停下脚步的孩子："我觉得，不是每个孩子都能获得刷墙游戏的机会吧！"孩子们禁不住将墙面刷白的引诱，竟然用自己手上的玩具作为交换条件，争先恐后地想要刷墙。于是，马克·吐温不费吹灰之力仅用半个下午就完成了母亲的"惩罚"作业，并且又收获了许多玩具：一只破口琴、一个苇管做的炮、12 颗石头子弹、一把刀把儿、一个玻璃的酒瓶塞子，以及 4 个柑子皮。母亲前去检查他的劳动成果如何，没想到整个墙面都刷完了，就非常好奇，并奖给他一个大大的苹果。

很多年以后，马克·吐温将刷墙事情写入他的小说中去。

童年时期，马克·吐温总是认为母亲特别神圣。母亲宽容大度，勇敢仁慈。马克·吐温的弟弟非常安静乖巧，几乎没做过一件令父母烦心的坏事，这同淘气的马克·吐温完全不同。母亲对二人的教育方式也有所不同。

4 岁时，母亲就为亨利请个家庭教师，让他学习外语。父亲对此很是纳闷："你为什么不为 6 岁的马克·吐温请家教，而是为年纪更小的亨利请呢？"

母亲则微笑地说："对孩子如何教育取决于孩子的实际情况。马克·吐温根本不会静下心来，为他请个家教也没效果。"

"难道你放弃教育这个孩子了吗？"

"当然不是了，我是用自己的方式教育他呢。我要求他每天都记日记，对他来说，这是最好的教育。"

按照母亲的要求，小马克·吐温将每天发生的事情都记录下来，并且按照母亲的要求努力写得绘声绘色。这就让小马克·吐温学会了认真观察身边事物，这对他日后的创作有很大帮助。他回忆儿时去森林玩耍：

"我至今还记得树林深处露出的庄严绚丽的黎明，满是泥土气息又伴有野花的清新味道，雨后的树叶显得格外明亮。我还能想起那时一阵风后，雨水滴滴答答的声响，树林深处的啄木鸟在啄木的声音以及野鸡的声响——所有的一切我全都记得，而且一如当时那样清楚。此外，我还能忆起双翅展开停留空中的老鹰，此刻的树林身披秋衣，紫色的橡树、金色的胡桃、颜色鲜红的枫树以及黄栌。走在路上，我还听到落叶的沙沙声。我清楚地记得树丛中蓝色的美味又芬芳的野葡萄，我看到过野外的黑莓、榛子、柿子到底是什么样的。"

母亲用这种教育方式，既养成小马克·吐温的善于观察以及写作的好习惯，同时，也使得他积累了许多写作素材，马克·吐温的部分小说都是从他童年切身经历而来的。由于母亲的特有教育为他日后成为优秀作家奠定了坚实的基础。

马克·吐温语录

1. 最好闭上嘴，让别人认为你傻，而绝不把嘴巴张开去解答所有的疑难。

2. 生活的成功需要两个因素：愚昧以及自信。

3. 取得进展的秘诀就是开始；开始的秘诀就是将令人窒息的复杂任务，细化成可操作的任务，然后开始做第一件。

4. 当真理还正在穿鞋的时候，谎言就能走遍半个世界。

5. 一个人的性格可以到他交谈中使用的形容词中去了解。

6. 首先弄到事实，然后你就可以随心所欲地把它们扭曲。

7. 真正伟大的人让你产生你也能伟大起来的感觉。

8. 你解释越多，我越难理解。

9. 先是怕生，后才怕死。完全活过的人，随时都准备死。

10. 善良是聋子能听，瞎子能看的语言。

11. 越是禁止的事物越流行。

12. 保持身体健康的唯一办法，就是吃点你不想吃的，喝点你不想喝的，以及做点你不愿做的事情。

13. 垂钓爱情用心而不是用脑做诱饵。

14. 我了解你们的种族。它是由绵羊组成的。他们给少数人统治着，很少或者从来没有给多数人统治过。他们压抑了自己的感情和信仰，跟随着一小撮拼命喊叫的人。有时候那喊叫的人是对的，有时候是错的；可是那没关系，大伙儿总是因为你们永远并且始终是少数人的奴隶。

22. 柴可夫斯基母亲的环境熏陶法

柴可夫斯基

（1840—1893）

（俄国）

俄国著名的作曲家柴可夫斯基在 1840 年 5 月 7 日诞生于俄罗斯福特金斯克的一个偏远的小镇上。他从小在母亲的教导下学习钢琴，后进入圣彼得堡音乐学院，跟随安东·鲁宾斯坦学习音乐创作，成绩优异。毕业后，他在尼可莱·鲁宾斯坦的邀请下，担任莫斯科音乐学院教授。他是俄罗斯伟大的浪漫乐派作曲家，民族乐派的代表人物。他的作品常被世界各国剧院演奏。他的代表作《天鹅湖》享誉世界。

我用尽所有办法，努力打造周围和谐的环境，无论是我的房屋、院落或是花园，没有一处乏味，甚至没有任何东西影响到周围环境的美丽。

——卡尔·威特

1840 年 5 月 7 日柴可夫斯基诞生于俄罗斯福特金斯克的一个偏远的小镇上。

父亲老柴可夫斯基是这个小镇的矿场负责人，同时兼任冶金厂的厂长，因此家庭非常富有。老柴可夫斯基极为善良、乐观并且坦诚。虽说他没有学过艺术但天生就有艺术鉴赏能力。柴可夫斯基的母亲名叫阿茜埃，她比较年轻，是个贤惠之人。阿茜埃是在女子孤儿院接受的良好的教育，会说流利的法语以及德语，多才多艺，能弹琴唱歌。家庭富裕的一家生活得幸福而甜蜜。一有空余时间，阿茜埃就弹钢琴来消磨时间，丈夫对她弹的钢琴很是痴迷。她非常有艺术细胞，并为全家创造出极富生活艺术的氛围。只要发现什么东西与美好的环境不和谐，她就会指出来。

"这个柜子不要摆放在这里，要搬走。"阿茜埃说。

"为何要搬走呢？放这里使用多方便啊。"丈夫对此很是奇怪。

"因为它的颜色和款式与房间不搭调，这样孩子会受到影响的。"

"能影响到孩子？"老柴可夫斯基觉得更奇怪了，"那么小的孩子，知道什么。"

阿茜埃说："这种影响是潜在的，一个和谐而有品位的环境，能够提升孩子的审美水准，反之，一个不和谐的环境，会让孩子感到很压抑。"

经过阿茜埃的安排，她细心挑选着每一件家具和摆设。每个房间都贴有壁纸，连地板的边角都处理得非常协调。墙上挂有古典油画以及木刻版画，这些不但颜色柔美，从任何角度观赏都令人陶醉，每处都可以看出主人的生活品位。在所有的家居摆设中，最吸引人眼球的就是一架屏风，屏风上是精美的艺术画。即使是厨房，做饭的地方都精心搭配，碗柜上摆有艺术品一样的盘子，如同玻璃门上绘制的风景画。无论是春天抑或是秋天，庭院和花园均绽放着各式花朵。早春时分，大叶的野玫瑰以及迎春花在暖阳下竞相开放，冬天的紫荆花迎着凛冽的寒风以及冰霜，开始慢慢凋落。身处这样和谐美丽的环境中，人的心情也不免畅快。

虽说家庭富裕，但阿茜埃从不买奢侈的东西。一次，老柴可夫斯基用高昂的价钱买件颜色鲜艳的壁毯，他想将壁毯挂在墙上，但却被阿茜埃劝阻了。

她说："这个壁毯不适合挂在家中，不如退回去吧。"

"为什么不能挂呢？"老柴可夫斯基很是不解，"要知道，这个壁毯是国外进口的，很昂贵，用它装饰房间，不好吗？"

阿茜埃说："首先，这个壁毯和家中物品不和谐，其次它太贵重了，这样会让孩子也向着奢侈方面引导。"

老柴可夫斯基又询问："那咱们以后还要装饰一下房间吗？"

"当然了，"阿茜埃说，"但我们需要的是既漂亮又特别的东西，而非昂贵奢侈的东西。"

根据阿茜埃的标准，家里摆放了很多精美的东西。全家常去各地游玩，在这过程中阿茜埃总是能够收集到有价值的东西。这些东西并不昂贵，却富有美感。这些物品包括雕塑、奇石、小标本、小首饰。每当收集到一件物品，她总是拿给小柴可夫斯基观赏，询问他的看法，并同他一起探讨这件物品到底哪里最美。在母亲的培养下，小柴可夫斯基也同样很有审美眼光。

除此以外，母亲还常常陪着小柴可夫斯基感受大自然。他们的家乡福特金斯克同喧嚣吵闹的都市完全不同，这里充满大自然的魅力与韵味。到处是高耸的山峰、笔直的松树、亭亭玉立的白桦，特别是那郁郁葱葱的松树，蓬勃生长。冬天，这里铺满了雪白的地毯，春天则一片盎然。小时候的柴可夫斯基最爱牵着母亲，尽情安享这片宁静古朴的自然。

当小柴可夫斯基年仅4岁时，母亲就开始教他学习音乐，音乐是母亲最擅长的东西。虽说她并非音乐家，但她能唱出很多当时流行曲目。听着母亲柔声弹唱，看着母亲优美地弹奏钢琴，孩子也陶醉其中。这些就是柴可夫斯基小时受到的音乐启蒙，没多久，小柴可夫斯基对音乐开始着迷。他常常去林中听鸟叫的声音，在河边尽享他人的歌声带来的愉悦。一首首韵味十足的民歌常令柴可夫斯基动容，母亲也时常随之轻声哼唱。

"妈妈，这首渔歌实在太动听了。"小柴可夫斯基显然被这歌曲吸引着。

温柔细腻的母亲说："我猜他们一定碰到很多伤心的事情，这歌听上去有些伤感。"

也是在小柴可夫斯基4岁时，母亲要为大儿子尼古拉以及寄养在家中的外甥女蒂亚请家庭教师。经过精挑细选，她让一位名叫芬妮·杜芭赫的年轻的法国姑娘担任家庭教师。这时小柴可夫斯基也非要跟他们一起学习，母亲对此想了很久，最后经不住小柴可夫斯基的再三恳请，答应下来。

在这位女教师眼中，小柴可夫斯基是个机灵调皮的小鬼头，他很爱搞破坏，衣服总是脏兮兮的，头发也弄得很乱。

由于芬妮根本不喜欢音乐，也不知为何，她很讨厌钢琴，总是控制柴可夫斯基学习钢琴的时间，她甚至还告诫小柴可夫斯基：

"孩子，弹钢琴会损害你的健康的，你的小手可能在弹奏的时候受到损伤。"

"那为何妈妈的手没受到损伤呢？"

"那是因为她是成人，只有成人才能弹钢琴。"

"那我要学什么好呢？"小柴可夫斯基询问。

"我认为你应该学习写作，写作很有趣。"

这位女教师努力使柴可夫斯基用心于文学。在她的错误引导下，小柴可夫斯基曾有一段时间非常恐惧钢琴，只是母亲尚未发现。幸好，还有一种神奇的乐器，让他仍对音乐充满兴趣。

柴可夫斯基的家中不但摆放钢琴，还摆放一台"乐队琴"的奇特乐器，那是由大小、粗细、长短都不同的风琴管子组成，如同普通的八音盒一样，靠许多针别住的圆筒控制的，也有一些是靠着穿空的纸卷控制的。这件乐器能演奏出多种乐器的声音，这深刻影响着小柴可夫斯基，后来，他曾回忆说"幸好有这件乐器，让他的脑中留下了对音乐的初始印象"，尤其是在这乐队琴中有他最崇拜的莫扎特歌剧《堂·璜》的咏叹调以及贝里尼和罗西尼的代表作。

由于多次听这个乐曲，小柴可夫斯基居然凭着感觉，就能熟练地用钢琴弹奏这些曲调。这对音乐水平不够高的母亲来说，小柴可夫斯基表现出来的音乐才能实在令她震惊，这时，小柴可夫斯基越来越迷恋音乐，他常常长时间地在钢琴前。但因为平时没时间，芬妮又要孩子们锻炼身体，所以小柴可夫斯基常不听芬妮的要求，总是在上完课后就去弹钢琴。

在一次有音乐演奏的聚会结束后，孩子们都回到房间休息，芬妮像往常一样跟孩子们问安，当她去往柴可夫斯基的房间时，令她震惊的一幕出现在眼前，小柴可夫斯基在床上，目光炯炯有神，口中还兴奋地喊着：

"啊，音乐！这音乐！"

这位震惊的女老师试图将兴奋的柴可夫斯基安静下来，便告诉他，那首曲子都已经结束了，现在家里很安宁。但这个孩子却双手托腮地说："不，它在我的脑海中不断重现，不让我休息啊，我没法让它停下来。"

这时的柴可夫斯基脑中不断浮现乐曲，音乐驱使着他，让他的神经系统处于亢奋状态，这种感觉是不喜欢音乐的芬妮小姐无法理解的。这个女老师还以为小柴可夫斯基是不是发疯了，她赶忙敲响小柴可夫斯基母亲的房门。

对儿子很了解的母亲安抚了这位震惊的老师，她觉得小柴可夫斯基不应该继续跟着她上课了，于是为他又聘请一位专门的钢琴教师，对他进行专业正规的指导。这样，使小柴可夫斯基的喜好得以发展，最后，他终于成为优秀的音乐大师。

柴可夫斯基语录

1. 即使一个人天分很高，如果他不艰苦操劳，他不仅不会做出伟大的事业，就是平凡的成绩也不可能得到。

2. 不是血肉的联系，而是情感和精神的相通，使人有权利去援助另一个。

3. 意见和感情的相同，比之接触更能把两个人结合在一起，这样子，两个人尽管隔得很远，却也很近。

23. 爱迪生母亲教育"傻瓜"法

爱迪生

（1847—1913）

（美国）

美国的发明大王爱迪生于 1847 年 2 月 11 日诞生在美国俄亥俄州的一个农民之家。他是美国电学家、科学家和发明家，被誉为"世界发明大王"。他除了在留声机、电灯、电报、电影、电话等方面的发明和贡献以外，在矿业、建筑业、化工等领域也有不少著名的创造和真知灼见。爱迪生及公司员工一生共有约一千多项发明创造，为人类的文明和进步作出了巨大的贡献。他一生荣获了 1300 多项发明专利。

失败也是我需要的，它和成功对我一样有价值。只有在我知道一切做不好的方法以后，我才知道做好一件工作的方法是什么。

——爱迪生

1847 年，在美国俄亥俄州的一个小镇，伟大的爱迪生诞生了。他从小就对所有的东西充满了好奇。爱迪生的父亲是一位木匠，当他正在锯树的时候，小爱迪生一路磕磕碰碰地走过来说：

"爸爸，你为何要将这棵树锯掉呢？"

"因为爸爸想用这棵树来做个柜子。"

"可是你锯树的话，树难道不疼吗？"

"哦，孩子，树不会感到疼痛的。"

"那它会流出血来吗?"爱迪生继续问道。

"树是不会流血的,因为树身体里没有血。"

"它的身体里怎么会没有血呢?"安迪生睁大双眼,好奇地询问。

这时的父亲有些不耐烦了,就随便敷衍他:"好了,你去那里玩吧,爸爸要忙着工作了。"

小爱迪生很不情愿地回到屋里。母亲看到有些失落的小爱迪生,就走到他的身边询问着:"孩子,有什么事情吗?"

爱迪生摇了摇头,没说什么,只是用小手不断地摸着椅子。

"孩子,你是不是有什么想法,告诉妈妈吧。"母亲抚摸着爱迪生的小手,说道。

这时,爱迪生把头抬起来,望着母亲说:"妈妈,树身体里怎么会没有血呢?"

母亲微笑着告诉他:"因为树是植物,不是动物。"

"那动物是什么?植物又是什么呢?"

"哦,你看,家里的小狗属于动物,因为它能自己行走。那棵树不能动,也就是植物了。"

这下爱迪生高兴起来,说:"我明白了,小鸡是动物,而椅子属于植物,对不对呢?妈妈?"

母亲又笑了:"小鸡的确是动物,可椅子并不是植物。"

"这是为什么啊?"爱迪生很是不解。

"生长在土里的是植物,比如说小草、小花、柳树、杨树,它们离不了土壤。"

"小鸡怎么不长在土里,小草为何要长在土里呢?"

"哦,孩子,这可把妈妈难住了,要知道,这个世界上还有很多的东西都没弄清楚,等你长大了,要自己努力弄明白。"

"丽莎?你在忙什么?饭都做好了吗?"爱迪生的父亲询问着。

"亲爱的,我马上就去做饭去。我正和爱迪生聊天呢。"

"你又在回答他的那些傻问题呢?"

"哦，这可不是傻问题，这孩子的脑子里有非同寻常的智慧，和他交谈的话就会发现的。"

"我可不会这样浪费时间，我每天哪有时间陪他，忙都忙不过来。"

"这可不是在浪费时间，这孩子身上的智慧值得我们开发。"

"是吗？希望如此吧，不过我可没发现。"爱迪生的父亲不以为然。

"哦，亲爱的，你早晚会明白的。"

因为爱迪生染上了猩红热，所以直到8岁那年才进一所白人学校。他在学校的表现如同很多天才一样，也可能这就是在日后成为天才的一种暗示吧，他的学习成绩并不优秀，刚入学3个月，就伤心地回到家中。

学校的老师恩格尔很不喜欢他。一天，老师询问学生们："昨天教大家的26个字母都学会了吗？"

同学们都回答是的，只有爱迪生举手问道："老师，为什么字母是26个，为什么不是27个呢？"

恩格尔面对这个突如其来的问题有些吃惊，不知道如何回答，于是干脆回避问道："你有没有记住26个字母？"

爱迪生摇头否定，老师有些恼火地说："昨天不就要求你回家要记的吗？你在家都做什么了？"

爱迪生小声回答："我为什么要记这些字母呢？昨天我一直在想这些字母从何而来的？老师，你知道吗？"

这下可把老师惹怒了，他对爱迪生怒斥道："你可真笨啊，就26个字母都记不住，居然还冒出那些傻问题！"

爱迪生感到备受委屈，从学校回来后就询问他的母亲："妈妈，我是个笨蛋吗？同学们都说我是个笨蛋。"

母亲告诉他："孩子，同学们说的不对，他们太小，什么都不懂呢。"

"但老师也这样认为的。"

"你看，"爱迪生的父亲插嘴说，"你还说这孩子充满智慧？"

爱迪生的母亲有些气愤："这可不是我孩子的问题，这说明老师的教育方法有问题，他们不会教育孩子，这样的教育会让孩子很没自信的。"

"我看算了吧，这么多的孩子都是通过学校学习的，怎么就你的孩子有问题？"

"我对我孩子的天赋很有信心，我觉得不能让这样的教师以及学校教育耽误了他，我必须请个好老师！"

"哪里有好老师呢？难道和学校的教师有什么区别吗？况且咱们家根本没有那么多钱请个优秀的教师啊。"

"如果没别的办法，那就让我来教他吧。"母亲似乎很有信心，"我一定能把孩子培养得很优秀的。"

因为学校的原因以及母亲的支持，3个月后，爱迪生最终离开了那个受到制约的学校。母亲特意为他借了很多书籍，她开始教爱迪生学习知识。由于母亲的着力培养，爱迪生不但自信，而且学会很多知识。

对此母亲并不满足，她告诉爱迪生："孩子，如果只知道课本上的知识是远远不够的，你更应该学到能力，要学会动手，你帮爸爸做个椅子吧。"

爱迪生高高兴兴地来到爸爸工作的地方。可是父亲对爱迪生学做木工活并不情愿，他对爱迪生的母亲说："我一直做木匠工作，一辈子碌碌无为的，你为何还让孩子也学习这个？"

爱迪生的母亲说："我并不希望他成为木匠，我只是想通过动手让他提高能力，这对他日后发展很有帮助。"

爱迪生并不会做椅子，尤其是椅子的腿，总是弄得不牢固，虽然爱迪生尝试了好多次，但总是很摇晃，他汗流浃背的，还是没弄好，最后有些焦躁，直接将手中的工具扔在地上，回房间了。

母亲走过来为他擦擦身上的汗，爱迪生拉起母亲的双手，询问道："妈妈，做椅子太难学了，我不愿意再做椅子了。"

"孩子，无论做什么事情都不可能一帆风顺的，但你要有恒心和毅力，不要半途而废，只要你坚持下去，总有一天你会获得成功的。"

第二天，爱迪生又打起精神做那把椅子，终于费了九牛二虎之力将椅子的腿安牢了，可是他又发现这把椅子根本没用，因为椅子腿长短不一，爱迪生特别失望。

母亲看着爱迪生这样难过，就劝慰他说："孩子，不要灰心，你今天进步很大，都能将椅子的腿安牢了，你再试一下，我知道你一定能做得很棒的。"

于是，爱迪生将那四个椅子腿拆了下来，又过了两天，他终于将椅子做好了。母亲非常开心："孩子，你看，因为你的坚持不懈，最终获得成功了。"爱迪生此刻终于露出最灿烂的笑容。

因为得到母亲耐心细致的教育，这为爱迪生日后的成功打下牢固的基础。虽说爱迪生一生总共只有三个月的学校学习，但却成为最伟大的发明家。当这位天才长大成人以后，他差不多每两周就有一个新的发明申请专利。他一生之中共发明了一千三百多项产品，涉及建筑、通信、电子、机械、化学、地质学等方面，有时，一项发明要做上好几百次试验，这种坚持不懈的毅力以及过人的天赋离不开母亲科学的教育。爱迪生感激母亲，他说自己的成功是母亲给的。

爱迪生语录

1. 世间没有一种具有真正价值的东西，可以不经过艰苦辛勤劳动而能够得到的。

2. 友谊能增进快乐，减轻痛苦；因为它能倍增我们的喜悦，分担我们的烦忧。

3. 要替别人寻找借口，但千万不要替自己找借口。

4. 我的人生哲学是工作，我要揭示大自然的奥秘，并以此为人类造福。我们在世的短暂一生中，我不知道还有什么比这种服务更好的了。

5. 每一个人都会开列出一张长长的清单，要求他的朋友应具备哪些美德与良好品格，但却很少有人愿照着自己的清单去培养自己的品德。

6. 如果人们都能以同情、慈善，以人道的行为来剔除祸根，则人生的灾患便可消灭过半。

7. 我平生从来没有做出过一次偶然的发明。我的一切发明都是经过深思熟虑和严格试验的结果。

8. 惊奇就是科学的种子。

9. "年"教给我们许多"日"不懂的东西。

10. 虽然我们总是叹息生命的短促，但我们却在每个阶段都盼望它的终结。儿童时期盼望成年，成年盼望成家，之后又想发财，继之又希望获得名誉地位，最后又想归隐。

11. 凡是希望荣誉而舒适地度过晚年的人，他必须在年轻时想到有一天会衰老；这样，在年老时，他也会记得曾有过年轻。

12. 好动与不满足是进步的第一必需品。

13. 人生太短暂了，事情是这样的多，能不兼程而进吗？

14. 无论何时，不管怎样，我也绝不允许自己有一点灰心丧气。

15. 伟大人物最明显的标志，就是他坚强的意志。

16. 一个人要先经过困难，然后踏入顺境，才觉得受用、舒服。

17. 失败也是我需要的，它和成功对我一样有价值。只有在我知道一切做不好的方法以后，我才知道做好一件工作的方法是什么。

18. 若你能举出一个彻底满足的人，我可以告诉你他就是个失败的人。

19. 书对于智慧，也像体操对于身体一样。

20. 凡是新的不平常的东西都能在想象中引起一种乐趣，因为这种东西使心灵感到一种愉快的惊奇，满足它的好奇心，使它得到原来不曾有过的一种观念。

21. 想象必须是热的，才能够使它以外界的东西所收到的形象留下模印。

22. 书籍是天才留给人类的遗产，世代相传，更是给予那些尚未出世的人的礼物。

23. 读书之于脑，犹运动之于身体。

24. 我不认为我是天才，只是竭尽全力去做而已。

25. 教育之于人有如雕刻之于大理石。

26. 天才是百分之一的灵感，百分之九十九的汗水。

27. 虚伪及欺诈是一切罪恶之母。

28. 性格的培育是教育的主要目的，虽然它不能算是唯一的目的。

29. 在小、中、大学所学的东西，并非教育本身，而是教育的手段。

30. 教育的秘诀是：尊重学生。

31. 谦虚不仅是一种装饰品，也是美德的护卫。

32. 良好的性格贵于黄金；前者是自然的天赋，后者是命运的赐予。

-----

24. 泰戈尔父亲的多方面培养法

泰戈尔

(1861—1941)

（印度）

　　印度近代史上著名的诗人兼作家罗宾德拉纳特·泰戈尔，生于1861年印度西孟加拉邦加尔各答。泰戈尔是孟加拉族人，是诗人、哲学家和反现代民族主义者，第一位获得诺贝尔文学奖的亚洲人。在他的诗中含有深刻的宗教和哲学的见解。对泰戈尔来说，他的诗是他奉献给神的礼物，而他本人是神的求婚者，他的诗在印度享有史诗的地位。他的抒情诗集《吉檀迦利》深受世界人民喜爱，他一生创作50多部诗集、20多部戏剧，将近百篇的短篇小说，12部中长篇小说，2000多首诗歌，1500多幅绘画。1913年，泰戈尔凭借诗歌而获得诺贝尔文学奖。

　　我们可以计算一下，当一个孩子出生后的6年、8年或是10年内，即3650天，我们一天按10个小时来计算，也就是36500个小时，假如父母们能常常与孩子沟通交流，教孩子们一些知识，那孩子们就能学到太多的知识了！

——卡尔·威特

　　泰戈尔，全称为罗宾德拉纳特·泰戈尔，生于1861年印度西孟加拉邦加尔各答。泰戈尔作为印度近代史上成就最高、有着卓越贡献的人物，他同时对印度近现代文学史产生了巨大影响力。

泰戈尔的父亲是一位有着民族主义倾向的社会家，同时他也是一位支持宗教改革之人。他积极参加孟加拉的启蒙运动，倡导社会改革运动。另一方面，他精心研究《吠陀》和《奥义书》。泰戈尔家中共有 14 个孩子，他是最小的孩子。在这个家族里，泰戈尔的同辈以及侄辈中有很多都是著名的学者和艺术家。这是个深受印度传统文化及西方文化影响的家庭，泰戈尔深受家庭环境的影响。

　　因为泰戈尔是家中最小的孩子，因而深受其他家人的疼爱，父亲对他更是寄予厚望。他告诉妻子：

　　"在我的培养下，这孩子肯定能成为最优秀的人。"

　　"你会如何做呢？"

　　"我打算在他小的时候就从多方面培养他。我知道他肯定是个小天才。"

　　当泰戈尔只有 3 岁时，父亲就教他学习画画。虽说小泰戈尔只会涂涂抹抹，但隐约当中还能看出他对绘画很有天分，教泰戈尔绘画的是他的哥哥桥蒂林德纳特，父亲主要教小泰戈尔学习字母。

　　父亲在大小不同、颜色各异的卡片上写许多字母，他每天同小泰戈尔做卡片游戏。父亲并不要求他死读书，而是采用游戏的方式，将所有卡片放到纸箱里，随意说出一个颜色，让泰戈尔找出来。小泰戈尔遵照父亲的指示将卡片找出来时，父亲就询问他是什么颜色，只要小泰戈尔将字母找出来或是说出颜色后，父亲就摸摸他的头以示鼓励；有时找错了，父亲就笑着告诉他："嘿，你这个小家伙"，并拿出正确的卡片说："这个是对的。"就是用这种游戏，小泰戈尔很轻松地掌握了很多字母又认识了 20 多种颜色。

　　但小泰戈尔似乎没什么绘画才能，他在《回忆》中说："我清楚地记得，午后时分，我经常卧在地毯上，手拿一个速写本，想要画些东西。如果说是在练习画画，还不如说在打发时间。这样做是为了想要在心里留下些什么，但纸上什么也没留下。"

　　父亲又让 4 岁的泰戈尔学习音乐。泰戈尔的哥哥萨迪研德拉纳特教他学习音乐。哥哥不但教他弹钢琴，还为他准备很多印度音乐以及很多民间乐曲，比如说孟加拉风格的宗教流行音乐。泰戈尔对印度北部古曲也有很深刻的印象。

同学习音乐一起，父亲还专门让英语水平很高的泰戈尔的姐姐教他学习英语。在全家人的共同努力下，小泰戈尔学到很多东西，年仅6岁的他不但能够画画，还能弹奏钢琴，又熟练掌握了英语。

望子成龙的父亲又准备对泰戈尔进行文学方面的培养，他一有空就为小泰戈尔朗诵诗歌，这里面既有国外文学经典，又有印度经典。因为父亲最喜欢《吠陀》和《奥义书》，他还要求小泰戈尔背诵其中篇目。小泰戈尔深受父亲动情朗诵《吠陀·圣歌》的影响，美妙而神圣的诗歌总是给他留下难以抹去的记忆，虽然他很小，不明白圣歌的确切含义，但在父亲的影响下，他一直深爱着《吠陀》。

当小泰戈尔能够阅读时，父亲就积极鼓励他多多阅读。当泰戈尔还没到9岁时，就能根据韵律排列两句诗。经过父亲的着力培养，小泰戈尔也痴迷诗歌。父亲不但培养泰戈尔的文学和艺术方面，还常带他出去游玩。老泰戈尔深知大自然能够感染孩子的内心，同时，野外游玩还能增强孩子的体魄。

在泰戈尔的回忆中，我们可以知道他首次游览喜马拉雅山的感受。当他12岁的时候，一天，父亲忽然对他说，要带他去旅行。他们没多久就到喜马拉雅山东坡的一个小镇。父子俩在那附近租了一家雪松环绕的小别墅。小泰戈尔头一次见到这样秀丽的美景，内心兴奋不已，在他的内心，深受雄伟瑰丽的"山神"的震惊，留下终生难忘的印象。从这次旅行中小泰戈尔既受到大自然的感染，又开拓了视野。

13岁的泰戈尔就能够创作诗歌，在他的诗歌中流露出反对殖民主义以及爱国主义情结，这以后他就开始热衷于创作诗歌。不仅如此，14岁的泰戈尔还阅读了许多文学、历史、社会以及自然科学等领域的书籍。

1878年，在家人的期望下，泰戈尔去英国伦敦大学学习英国文学，主攻西方音乐。之后他对文学创作一直很热衷。泰戈尔在13岁至18岁的6

年间，创作了长诗《野花》《诗人的故事》等作品；1881 年至 1885 年间，创作了抒情诗集《暮歌》《晨歌》以及《画与歌》，他还创作了戏剧以及长篇小说。泰戈尔一共出版了 50 多部诗集，其中的诗集《吉檀迦利》获得 1913 年诺贝尔文学奖。不但如此，泰戈尔在其他方面也表现出过人的才能。17 岁的泰戈尔能为自创的歌曲谱曲。之后，在他的剧作中运用很多曲调。后来的几十年，泰戈尔笔耕不辍，写下大量歌曲。泰戈尔是出色的小说家、剧作家、曲作家以及画家，共创作了 12 部中长篇小说、100 多个短篇、20 多部戏剧、1500 多幅绘画作品。不但如此，他还是个优秀的哲学家、教育家以及社会学家，在哲学、教育、政治方面均有建树。

　　这些令人敬佩的成就不但意味着泰戈尔的成功，同时也证明了父亲望子成龙的心愿得以实现，父亲将小泰戈尔教育成优秀的多方面人才，使泰戈尔不但为印度而且也为全人类留下了众多珍贵的作品。

泰戈尔语录

　　1. 蜜蜂从花中啜蜜，离开时的道谢。浮夸的蝴蝶却相信花是应该向它道谢的。

　　2. 知识是珍贵宝石的结晶，文化是宝石放出的光辉。

　　3. 他的错误经不起失败，但是真理却不怕失败。

　　4. 真理之川从错误之沟渠中通过。

　　5. 当我们最为谦卑的时候，便是我们最近于伟大的时候。

　　6. 刀鞘保护刀的锋利，它自己则满足于它的迟钝。

　　7. 我希望你照自己的意思去理解自己，不要小看自己，被别人的意见引入歧途。

　　8. 爱是理解的别名。

　　9. 在我生机勃勃的世界里，我容纳了各种已经腐朽的事物。

　　10. 在个人跟社会发生任何冲突的时候，有两件事必须考虑：第一是哪方面对，第二是哪方面强。

11. 那些缠扭着家庭的人，命定要永远封闭在无灵魂世界的僵硬的生活中。

12. 如果错过了太阳时你流了泪，那么你也要错过群星了。

13. 眼睛不能看到你，因为你是眼睛中的瞳仁；心灵不能了解你，因为你是内心深处的秘密。

14. 你微微地笑着，不同我说什么话。而我觉得，为了这个，我已等待得久了。

15. 你看不见你自己，你能看见的只是自己的影子。

16. 相信爱情，即使它给你带来悲哀也要相信爱情。

17. 在消除贫困的时候，我们会拥有自己的财富，而拥有这笔财富，我们却会失去多少善心、多少美和多少力量啊!

18. 静止便是死亡，只有运动才能敲开永生的大门。老是考虑怎样去做好事的人，就没有时间去做好事。

----

25. 福特父母鼓励"破坏"法

福特

（1861—1947）

（美国）

1861 年世界著名的汽车大王福特生于美国密歇根州的迪尔本。福特是美国汽车工程师与企业家，福特汽车公司的建立者。他是世界上第一位将装配线概念实际应用而获得巨大成功之人，并且以这种方式让汽车在美国普及。这种新的生产方式使汽车成为一种大众产品，它不但革命了工业生产方式，而且对现代社会和文化起了巨大的影响，因此部分社会理论学家将这一段经济和社会历史称为"福特主义"。美国学者麦克·哈特所著的《影响人类历史进程的 100 名人排行榜》一书中，福特是唯一上榜的企业家。

教育孩子之人先应提升自我，他们想要知道自己的缺点，以及他的坏脾气，而非对孩子的脾气过于在意或是想要改正孩子的错误。

——蒙台梭利

著名的汽车大王，也是美国十大行业的富翁的亨利·福特，从小受到的父母教育非常特别。1861 年福特生于美国密歇根州的迪尔本。父亲威廉是个木匠，后来娶了木匠领班的女儿玛利，两人一共生育 6 个孩子。福特是家中的长子，母亲玛利在福特很小时就开始教育他。她希望孩子长大能有所作为，因而特别重视对小福特的教育。可是小福特特别调皮，玛利教育起来很吃力。一天，玛利努力教小福特学习写字，她说：

"这几天我教你写你的名字，你会写了吗？"

"会写了。"小福特随口回答，注意力却集中在嘀嘀嗒嗒走着的钟表。

"那你为妈妈写一遍吧。"

"哦。"小福特并没多少兴致，随便拿笔写起来。

玛利一看，说："你又将两个字母记错了，我都教过你好几十遍了，你怎么还不会写自己的名字呢？你再学一遍，正确的写法是这样的。"

玛利说完就握着小福特的手开始写着，没写到5遍，小福特就不愿意地喊道："知道了，妈妈，我学会了，我要去玩会儿了。"母亲还没说什么就飞跑出去了。玛利对小福特无可奈何地摇了摇头。

晚上，威廉·福特回家后，母亲对他叹息着说：

"哎，小福特虽然比较聪明，但实在太调皮了，不肯静下心来，教他什么都学不会，该怎么办才好啊？"

小福特其实对事业有成的父亲是非常畏惧的，因为没有耐性的父亲经常体罚他，逼他干活，如果做得不好还要揍他。因而小福特非常畏惧父亲。这次威廉·福特知道小福特太让妻子操心了，就告诉妻子：

"以后让我来管教他，我不信教不会他。"

说完就去找小福特。威廉一进小福特房间就严肃地问道：

"你有没有将妈妈教你的字学会？"

小福特一见父亲进房间，就有些害怕，威廉对此很纳闷，一查看，原来自己最喜欢的怀表被大卸八块，小零件随意丢在桌子上。那可是当时最流行的怀表，上面是唯美的帆船图案，背面是只展翅高飞的鸟儿，这个怀表非常名贵，而且时间非常准确，没想到却被这个淘气鬼儿毁坏成一堆垃圾。

看到这种情况，威廉不禁大怒，狠狠地踢小福特好几脚，怒气冲冲地说："在学习上不用功，就会搞破坏。"

小福特遭到痛打，哭喊着跑出去了。

小福特特别癖爱拆东西，他不仅拆表，家中所有新东西几乎都被他拆得一干二净，因而家里的人总是小心翼翼地防备他。无论家里如何责罚或是监督小福特，都毫无效果。这令小福特的父母更加操心了。玛利说："咱们不能这样任由他了，我觉得是我们的教育方式出现错误了，要不我们请专人询问一下吧。"

"去哪里询问呢？"威廉好像不太赞同。

"我知道附近有个儿童专门教育机构，不如我们去那儿询问吧。"

经过玛利的坚持，两人才到儿童教育机构，接待他们的是热情的南希老师。玛利说明自己的苦恼：

"我们这个孩子真是太气人了，非常调皮好动，学东西一点儿耐心都没有，就爱乱拆东西，这实在让我们太操心了，请您帮我们想个好办法吧。"

"恭喜你们，有个优秀的儿子。"

威廉说："老师，您在哄我们开心呢吧？"

南希老师说："不，我很认真。你们的孩子特别喜欢拆东西，可见他特别聪明，有极强的探索精神，你们对此是如何对待他的？"

威廉说："他不听话，乱拆东西，我就揍他。"

玛利又补充一下："我们尽可能将所有的东西都藏起来，以防被他拆了。"

"看来你们的方法不太正确，"南希老师说，"你们不应藏东西，更不应责罚孩子，这样可能对孩子的心灵造成伤害。"

"那我们该做什么呢？"

"你们应改正缺点，再向孩子道歉。"

"道歉？"这太令威廉吃惊了。

"是的，你们应该如同对待成人一样平等对待孩子，做孩子的朋友，如果你们打骂他就应该道歉，否则会在他心里留下难以磨灭的阴影的。"

玛利说："我知道了，老师，凡是对孩子有利的事情，我们都会去做的。"

南希说："并且你们不要总是藏东西，而应该让孩子尽可能多地拆东西。"

"什么，鼓励孩子破坏东西？"威廉听后极为吃惊。

"是的，你们应该对孩子感兴趣的东西积极鼓励，而不是试图阻止。你们这样做，对孩子最好。"

回家的路上，威廉对老师的建议表示怀疑：

"这些简直就是馊主意。"

玛利赶忙说道：

"不如我们照这样试一下，没准能帮助小福特呢。"

于是威廉特意为孩子买回一个手表送给小福特：

"孩子，是爸爸的错，爸爸不应该对你打骂，这个表是专门送给你，向你道歉的。爸爸知道你最喜欢研究东西，你就拿这个表钻研吧。"

爸爸的这一举动让小福特特别感动，他难以抑制内心的喜悦，激动地用他的"武器"将那块怀表拆开。这时父亲又为他讲解表的工作原理以及内部结构。

从那以后，夫妻俩不再禁止小福特拆东西了，母亲为他买来很多关于月食、日食形成以及太阳、星星等方面的天文知识图书以及机械构造方面的书籍。父亲威廉为儿子准备了很多工具：钻孔机、锉刀、小螺丝这些东西，以此鼓励小福特研究机械构造。有一次，小福特一家来到火车站，那时小福特看到了令他终生难忘的火车，这个大怪物真是神奇，他绕着火车头高兴地来回研究。从这以后，小福特对火车充满无穷的兴致，一有火车开过，他就赶忙前去观看。那个巨大怪物前轮特别大，轮子上方还有很大的汽锅，在呼呼地喷着蒸汽，有时还会拖个满是货物的拖车。小福特对火车特别有兴趣，专心研究起蒸汽机来。父母不但不再阻止他的兴趣，而是为他收集很多资料，以供他研究。

16岁的福特去底特律的工厂当一名技术工，在工作时他对蒸汽内燃机抱有更为浓厚的兴趣，最终，1896年发明了首辆内燃引擎的福特汽车。之后，他开始生产自己设计的汽车，并取得巨大成功。没多久，福特汽车在全球上市，福特也成了闻名遐迩的汽车大王，成了大富翁。获得成功的福特特别感激母亲，他说："在母亲身上，我学会了生存方法，另外，母亲让我懂得，家庭幸福是幸福的起点。"回过头来看福特的成功，可见父母教育方式转变对孩子有多大的影响。因为他们及时改正了教育方式，才让福特最终获得成功。

福特语录

1. 唯一值得一个修补匠肯定的历史就是我们今天所创造的历史。

2. 一个受良好教育的人，应该是样样都通一点，而对某一种事情精通。

3. 教育并不是为了你生活而准备的事情，它是你一生中了无间断的一部分。

4. 如果我当年去问顾客他们想要什么，他们肯定会告诉我："一匹更快的马。"

5. 工业家必须遵守的规矩：尽可能提高质量，尽可能降低成本，尽可能提高薪水。

6. 劳工只要带双手来为我工作，不需要带大脑。

7. 成功的秘诀，在于把自己的脚放入他人的鞋子里，进而用他人的角度来考虑事物，服务就是这样的精神，站在客人的立场去看整个世界。

8. 任何人只要做一点有用的事，总会有一点报酬。这种报酬是经验，这是世界上最有价值的东西，也是人家抢不去的东西。

9. 合众国的一切，诸如土地、人民、政府和企业，都只是人们选择的使自己生存更有意义的方式。政府永远只能作为人民的公仆，除此之外它别无选择。倘使人民成了政府的附属物，报复的法则便开始起作用——因为这是一种缺乏道德的、反自然、反人性的关系。不论是企业还是政府，都是我们生活必需的，二者作为仆人被人们需要，就像水和米一样不可或缺。然而一旦它们成为主人，自然法则就遭到破坏。

26. 甘地母亲爱的教义法

甘地
(1869—1948)
(印度)

莫罕达思·贾拉姆昌德·甘地身为印度民族解放运动的领袖，同时也被印度人民当成心目中的"伟大灵魂"。1869 年 10 月 12 日，甘地在印度的波尔班达城市诞生。甘地率领印度民众通过游行、罢工、请愿以及绝食等非暴力不合作方式将英国殖民者赶出印度，最终完成了印度的独立。他是印度民族解放运动的领导人和印度国家大会党领袖，现代印度的国父，印度最伟大的政治领袖，也是现代民族资产阶级政治学说——甘地主义的创始人。他带领国家迈向独立，脱离英国的殖民统治。他的"非暴力"哲学思想，影响了全世界的民族主义者和那些为争取祖国独立和人间公正的人。

教育是陶冶身心，培养健全的个性，以便能够从容不迫地适应生活中的各种变化。这是从学校和课本知识中所得不到的。主要负担落在母亲的肩上，她必须帮助孩子发展自我克制的能力，加强他们的品行的培养。真正的爱并不是迁就孩子，让他们随心所欲，而是随时约束和教育他们。

——甘地

甘地，全称为莫罕达思·贾拉姆昌德·甘地，他提出了非暴力不合作运动，有 3 亿多印度民众参加的革命运动，使英帝国主义的根基得以动摇，他将两千多年来印度蓄积的宗教原动力带入社会中去，并获得极大的成功。

1869 年，在印度西北部的波尔班达城市，甘地诞生了。甘地的家族经营很多贸易，整个宗族富有开拓进取精神，有经商才能，只是族人因为争执而分为两派。那时甘地家里是农民阶级，生活比较富裕。甘地父亲及祖父都是领袖，都因具有独立精神而深受其害，只能举家逃亡，还常常陷入险境。甘地全家信奉印度教中的暨那派，因此母亲在甘地很小的时候就用该教的教义严格规范他。

有一次，小甘地兴致勃勃地趴在家中院子的地上，仔细观看蚂蚁们如何搬运食物，还有模有样地"指挥"着蚂蚁们，没想到被蚂蚁咬了一口。甘地疼得直叫，气冲冲地一脚将那只蚂蚁踩死了。他的母亲听到甘地的叫声就赶忙从屋里跑出来，正好看到甘地踩蚂蚁那一幕，母亲赶忙一把拉他过来：

"孩子，你为什么杀害无辜的小生命呢？"

"是蚂蚁先咬我的。"小甘地辩解道。

"即使蚂蚁先咬你了，也不至于让你将它踩死啊，要知道蚂蚁虽然卑微，但也是一条小生命啊，对大自然来说，所有生命都一样平等伟大。"

小甘地懂事地说："妈妈，是我做错了。"

"从今以后，一定不要残害生命了，无论是哪个物种，都要平等对待，珍惜生命。"

不杀生，这是暨那派的基本教义。由于有了母亲的教导，甘地始终将这一教义牢记在心。之后，在同英国作斗争时，甘地以他特殊的反抗，将这一教义播洒到全世界。

因为甘地的父亲长期在外逃亡，因而母亲负责甘地的教育。那时，英国统治印度，并要求印度使用英语作为日常语言，但母亲却为甘地请印度教师。这点很令小甘地奇怪：

"妈妈，周围人都在学习英语，你怎么不为我请英语教师呢？"

"孩子，现在你还不懂，等你长大了，你自然会明白原因的。"

这位家庭教师要求小甘地将印度教的经典以及印度史诗背诵下来，有时母亲也和小甘地一起前来学习，常常和他比赛，比谁背得更快。那时小甘地并不能明白母亲的良苦用心，刚开始学习兴趣不大。等到后来，甘地对自己没能成为优秀的圣斯克里特学者深表惋惜，虽然他只是学习了《吠陀》和《优婆尼沙昙》的译本，仍不影响他成为一名博学多才的印度经典学者。

甘地的父母都是乐善好施之人，他们不注重金钱财富，而是将家中所有的财产捐献给慈善事业。母亲平时沉默寡言，但却用自身的行动来教育孩子。每逢节日，她就带小甘地去寺院，寺院周围都是穷苦人，在那里等着富人的施舍。母亲给小甘地一些钱，让他送到那些需要帮助的贫寒人手中。

这时，甘地很是吃惊："妈妈，我们为何要送他们钱财呢？"

"孩子，我们每个人都应该救助需要帮助的人。"

"可是，妈妈，你不是打算用这钱给我买玩具吗？"

"孩子，和买玩具相比，帮助他人是更重要、更伟大的事情，你是愿意做大事还是小事呢？"

"我当然愿意做大事了。"小甘地于是高高兴兴地将钱送到贫苦人手中。当这些接受布施之人对他表示感激时，甘地内心非常满足和喜悦。母亲知道小甘地对布施之事很高兴，又怕他对此很得意，就告诉他：

"孩子，有人感激你，你要记得不要因此而扬扬得意，一定不要因为做了好事就骄傲自满。"

"这是为何啊？"还处在高兴状态下的小甘地对此不解。

"孩子，帮助需要帮助之人，这是我们应该做的，其实我们只是将别人给我们的东西还给其他人，这并不值得骄傲。"

因为有了母亲的精心教育，甘地学会了谦虚。之后虽然取得领导运动的胜利，但他从不因此而居功自傲，而是始终平和，尽可能不使用过高华美的称赞之词。他也从不愿意接受那些特意讴歌他之人，他最喜欢一个人沉思，而在独处的时候他能听到心底最真实的声音，这时他是最快乐的。

在母亲身上，甘地学到的东西还很多。一天，母亲与小甘地在回家的路上偶然遇见晕在地上之人。从那人的穿着打扮可知是他派，是他们这派的敌人。甘地的母亲却仍帮助那个人，将其扶起，并送入医院。小甘地对此很奇怪：

"妈妈，他是咱们的敌人，爸爸就是因为他们的陷害才离开家的，你为何还帮他呢？"

"孩子，你要知道仇恨是应该化解的，我们更应该友善而非仇恨。"

甘地受母亲的影响巨大，他始终记得母亲的教诲。在波耳战争开始之时，甘地积极组建护理队，护理队由印度人组成，专门治疗在战争中受伤的白人。1904 年，约翰勒斯堡有大瘟疫，甘地筹集资金组建医院帮助他人。1908 年，纳塔尔爆发土人反叛期间，甘地为此筹集一支救护队，自己担任督领，帮助他们。甘地崇尚大爱的教义，他希望通过大公无私的爱来化解仇恨。经过甘地的坚持不懈，英国最终同意了印度的独立。甘地用他个人的努力，以最小的牺牲来换取民族的独立，这在世界历史上还是从未出现过的事情。

甘地语录

1. 女性的直观经常胜过男性为之骄傲的知识的自负。

2. 对真理之神的忠诚，胜过其他所有的忠诚。

3. 难道做父母的到头来只能作为一个旁观者，任凭子女自行其事，不予劝阻，不加指导吗？

4. 内心的热诚和真纯的愿望，往往是不可以实现的。

5. 最高的道德就是不断地为人服务，为人类的爱而工作。

6. 我们应该赋予子女勇气和自信，还要帮助他们加以发展，正如牛津大学巴利奥学院院长史密斯 1919 年给英国首相的信中所写的那样："心胸开阔，目光敏锐，热爱真理，就能抵制无理诡辩，陈腐信仰，哗众取宠和伪善之言。"

7. 就是在比较先进的国家里，承认孩子们的个性及其特殊权利也还是近来才有的事。这是通过长期的探索与失败才承认的。人们意识到，不承认它，不辅以必要的行动，就会产生重大的社会问题。

8. 最好的教育是以身作则。孩子们对谎言或虚伪非常敏感，极易察觉。如果他们尊重你、依赖你，他们就是在很小的时候也会同你合作。

9. 当一个人只有很有限的时间供自己支配时，他自然会花在最需要的地方。不管我怎么忙、怎么累、怎么不舒服，我总要抽出一些时间和我的儿子一块玩，一块读书。

10. 孩子们之需要母亲的爱抚，犹如幼苗之需要阳光和雨露一样。对一个母亲来说，她应该经常把孩子放在首位。因为孩子们对母亲有着非常特殊的依赖。对我来说，重要的是如何处理好我所负责的公职和我对家庭、孩子应尽的义务这两者之间的关系。

11. 青年出于对父母的爱和尊重，有时不得不抑制自己的愿望和爱好，放弃自己所选择的，也许有着特殊兴趣和才能的领域，而去屈从父母或保护人的愿望。这种痛苦的选择往往足以压抑他们的热情和对人生的乐趣。这对社会来说是在已经死气沉沉的生活中又增添了一个消极因素，而不是增加一份生机勃勃的力量。

12. "被爱的箭射过的人，才能领会爱的力量是多么伟大的。"父亲对我所采用的方式，正是用爱的箭射入我的心坎，使我体会到"爱的力量是多么伟大"。我下定决心，一定要堂堂正正地做人，光明磊落地活下去。

13. 父母用他慈爱的眼泪，洗净我污浊的心灵，用爱心代替鞭打，他的眼泪胜过千言万语的训诫，愈加坚定我改过向善的决心，虽然当时我准备接受任何严厉的处罚，如果父亲真的责备我，可能会引起我的反感，而无益于我德行的进长。

14. 教育是陶冶身心，培养健全的个性，以便能够从容不迫地适应生活中的各种变化。这是从学校和课本知识中所得不到的。主要负担落在母亲的肩上，她必须帮助孩子发展自我克制的能力，加强他们品行的培养。真正的爱并不是迁就孩子，让他们随心所欲，而是随时约束和教育他们。

27. 列宁母亲培养孩子从笑话入手法

列宁

（1870—1924）

（俄国）

俄国伟大的无产阶级领袖伊利亚·尼古拉耶维奇·乌里扬诺夫·列宁于 1870 年 4 月 22 日在伏尔加河畔的乌里扬诺夫斯克城（今乌里扬诺夫斯克）诞生了。他是著名的马克思主义者、革命家、政治家、理论家、思想家和俄国共产党（布尔什维克）创立者、苏联建立者和第一位最高领导人。他发展了马克思主义，形成了列宁主义理论，马克思列宁主义者称他为"全世界无产阶级和劳动人民的伟大导师和领袖"。1830 年，列宁领导成立了俄国的布尔什维克党，1917 年领导俄国的十月革命，开创了第一个无产阶级专政的国家。

我应让孩子知道如何正确学习，这样才能让他尽快有自己的学习习惯。

——卡尔·威特

1870 年，列宁在伏尔加河畔的乌里扬诺夫斯克城诞生了。父亲名叫伊利亚·尼古拉耶维奇·乌里扬诺夫，他是国家教育监督员，深受 60 年代的教育的影响。虽说他并非革命家，但他觉得能够帮助人民，使人民能够接受到教育，自己责无旁贷。因此，他总是不分昼夜，奔波劳碌，积极筹建学校以及讨论教育事宜。所以，列宁的教育基本上是母亲负责的。列宁的外公是内科医生，母亲受到家庭的影响，以意志坚强闻名，为人热情善良，学识广博，精通外语和音乐。

因为母亲看过很多关于如何教育孩子的书籍，所以她自有一套教育孩子的特殊方法。当列宁只有三四岁时，她总带着小列宁去乡村游玩，从而使列宁领略大自然的美景以及乡野田园的风光，对乡村风景特别留恋。在他小小的脑海里，总是难以忘却蜿蜒的小河流，平旷无际的田野。偶尔，母亲还让列宁去贫穷的农民家里，在这里，列宁感知贫穷之人的生活方式，而且也同很多农家小孩很熟悉，他们共同在河里捉小蝌蚪，在野地里捕捉小麻雀。在乡下，列宁流连忘返，好几次母亲将他留在乡下的小伙伴家中，母亲自己回家。列宁的父亲看到母亲独自一人回家，很是吃惊：

"为什么儿子没和你一起回来呢？儿子去哪里了呢？"

"我让他去乡下住了。"母亲毫不在意地说。

"在乡下住？难道乡下有亲戚吗？"

"没有亲戚，是在刚认识的农民家里住的，他们很淳朴善良。"

"你为什么要将孩子留在那里呢？况且又是他一个人在那儿住，没人照顾。"

"孩子应该具有独立生活的能力，如果他暂时离开家人，能帮助他学会独立。况且，孩子跟小朋友们玩得正在兴头上，他也想在那儿住。"

由于受到母亲的教导，列宁很小的时候就学会了独立生活，他常常去乡下玩耍，并且总是高兴地同小伙伴们做游戏。在这里，他认识了贫穷的农村，这为他日后的革命起到奠基作用。

母亲在列宁5岁的时候就开始教他学习，只是小列宁太好动，一刻都安静不下来。比起学习，列宁更喜欢热闹的游戏。

当孩子学会识字了，母亲为列宁准备了很多儿童读物。因为母亲管教严厉，仅仅学会识字的列宁阅读这些书籍有些吃不消，很快就开始厌烦了。聪慧的母亲知道孩子不喜欢读书，也没有逼迫孩子，而是转变自己的教育方式。一天，父亲在她的要求下拿回很多笑话一类的趣味书。父亲询问：

"你要这些书做什么呢?"

母亲回答:"我要用这些书来教育孩子。"

"难道你要用笑话来教育孩子吗?"父亲更为不解。

"我只是用这些书来培养孩子,让他对学习提起兴趣来,你也要看一些,以此来配合我的教育。"

晚饭过后,全家人都没什么事做了。母亲就对大家说:"不如我们讲笑话,怎么样?"

父亲首先赞同:"好啊,我们一人讲一个,我先讲。"

父亲先讲了一个笑话,然后是母亲讲。到小列宁了,可是他一个笑话也不知道,这时,母亲递给他一本笑话书,说:"你看看这本书,再给我们讲笑话。"

列宁拿过书来,为了能给父母讲笑话,列宁努力将书中的笑话记住,所以看书非常认真。书看完了,列宁将书合上,开始为家人讲起故事来。

第二天晚饭后,母亲仍然说要讲笑话,因为列宁白天又学习了一遍那本笑话书,而且觉得那本书特别有意思,就这样,列宁每晚都能为家人讲好几个笑话。

没几天,母亲就开始实施新的计划,她建议说:"今天咱们不要讲笑话了,不如讲故事吧,每人讲一个故事。"这样一来,列宁又开始翻阅故事类书籍了。这些书都是母亲让父亲提前准备好的,而且书中多是既妙趣横生又短小精悍的故事。

由于得到母亲的谆谆教诲,列宁开始喜欢读书,他从读书当中收获了快乐。母亲又为他准备大量的他爱读的书籍,比如神话故事、童话、儿童科普等书籍,列宁废寝忘食地读着。

当有了一定的阅读量后,母亲就要求列宁开始写作了。她告诉列宁:"我们不光要阅读,也应该写些读书笔记、读后感,从而有个好的阅读习惯。"因为母亲的要求,列宁尝试写了第一篇读后感,然后将他自己的作品交给母亲:

“妈妈，我写完了，你看看怎么样?”

母亲看后说：“你写得还可以，只是要将意思表达清楚，不能自相矛盾，你应该事先写个大纲，这样就不会混乱了。”

没多久，列宁就将自己的大纲写下来给母亲看，母亲说：“这样就好，你以后要坚持这样做，能提高你学习的效率。不但写东西如此，做其他事情也是一样，先要想好大致内容，然后逐步进行。”

有了母亲的指引，列宁学会了有计划的学习方法。他入学后，是一个优秀的学生。因为他不光聪明，更重要的是，有一套严密而又有序的学习习惯。他的老师曾回忆说过，列宁写作文时总是先列个包括引言和结论的大纲，再将纸对折，然后，在纸的右侧写上需要修改润色的地方以及补充的东西。最后，再按照这个大纲写作整个文章。

而这种有条不紊的方法也成为列宁日后工作的特点。他不管是写发表在报纸的稿件还是演讲稿件，都会列出初步大纲。然而要是写的是小册子或是书籍时，他会打多次的草稿，每次都比前一次更加精细。他还会认真地修改引文、数字以及资料。

列宁一生都得益于母亲的教育，母亲为他养成的好习惯让他冲破了重重困难。列宁因革命被捕入狱，良好的习惯使他即使在狱中，也将时间划分得既细致又科学。他每天冷水擦身，及时锻炼，按时阅读大量书籍。所有的脑力劳动中，他最喜欢翻译，他总是将外国书籍译为俄语，然后再译为外国语。他认为这是最好的学习外语的方式。他科学地划分每项学习时间，然后按此或阅读、或工作、或翻译。写作之后就开始体育锻炼，阅读厚重书籍就用小说调剂一下，他每天都要做的事情就是体操，而且要求自己做十几种不一样的动作。

在狱中的列宁由于能科学合理分配时间而且按照计划而来，且为了事业百折不挠，因而始终精力旺盛，充满力量。他写信告诉母亲：“在狱中，我作息很有规律，所以身体反而比平时更好了，并且精神很愉悦。”无疑，这离不开从小养成的良好习惯。

列宁语录

1. 当前的任务是，即使在最困难的条件下，也要挖掘矿石，提炼生铁，铸造马克思主义世界观以及与这一世界观相适应的上层建筑的纯钢。

2. 少说些漂亮话，多做些日常平凡的事情……

3. 要成就一件大事业，必须从小事做起。

4. 宁要好梨一个，不要烂梨一筐。积极肯干和忠心耿耿的人即使只有两三个，也比十个暮气沉沉的人强。

5. 判断一个人，不是根据他自己的表白或对自己的看法，而是根据他的行动。

6. 必须有勇气正视无情的真理。

7. 不用相当的独立工夫，不论在哪个严重的问题上都不能找出真理；谁怕用工夫，谁就无法找到真理。

8. 马克思认为理论的符合于现实是理论的唯一标准。

9. 只要再走一小步，哪怕是向同一方向迈的一小步，真理就会变成错误。

10. 如果他不是十足的庸人，他就要，而且应该有理想。

11. 人需要理想，但是需要人的符合自然的理想，而不是超自然的理想。

12. 劳动者的组织性、纪律性、坚毅精神以及同全世界劳动者的团结一致，是取得最后胜利的保证。

13. 只要千百万劳动者团结得像一个人一样，跟随本阶级的优秀人物前进，胜利也就有了保证。

14. 资本主义社会里的民主是一种残缺不全的，贫乏和虚伪的民主，是只供富人，只供少数人享受的民主。

15. 只要土地和生产资料的私有制继续存在，资产阶级和资产阶级民主的"自由和平等"就只是一种形式。

16. 要研究人，要寻找能干的干部。现在关键就在这里：没有这一点，一切命令和决议只不过是些肮脏的废纸而已。

28. 丘吉尔父母训练注意力法

丘吉尔

（1874—1964）

（英国）

　　1874 年，温斯顿·丘吉尔诞生于英国牛津的一个很显赫的贵族家庭。他是英国政治家、演说家、军事家和作家。丘吉尔曾于 1940 年至 1945 年出任英国首相，任期内领导英国在第二次世界大战中联合美国等国家对抗德国，并取得了最终胜利，1951 年至 1955 年再度出任英国首相。丘吉尔被认为是 20 世纪最重要的政治领袖之一，对英国乃至于世界均影响深远。此外，他在文学上也有很高的成就，曾于 1953 年获诺贝尔文学奖。

　　我们若一直为过去而在现在纠缠不清，我们可能就会失去未来。我们应该让过去的事过去，才能迎向未来。

——丘吉尔

　　传奇人物温斯顿·丘吉尔在年少时期并没有如人们所想的那样优秀。1874 年，丘吉尔诞生于英国的一个很显赫的贵族家庭。父亲是政府官员。儿时的丘吉尔特别调皮，每天都在蹦蹦跳跳的，不肯休息一会儿，害得父母们总是要出去找他。一次晚饭时，丘吉尔又玩得无影无踪，父亲像平时一样出去找他。

　　父亲费了九牛二虎之力，才在一块小草坪上看到丘吉尔的身影，他那时正和很多小伙伴们玩打仗的游戏。父亲想看看他们是如何玩的，就没有直接阻止他们。父亲见小丘吉尔高高地站在石头上，像个大人似的对面前的小伙伴们指挥着：

"各位战士，如今到了关键时刻，如果我们不提起精神，我们很可能会吃败仗的，那么，你们想要吃败仗吗？"

"不想。"底下的小伙伴们异口同声地回答。

"既然这样，那么你们要听我的命令。你们两个人往左边进攻，你们俩往右边进攻，剩下的人都同我冲向中间部队。不将敌人消灭干净我们绝不罢休，是不是？"

"是的！"

这样，站在石头上的小丘吉尔高举自己的手，使劲挥舞，并竭尽全力大喊："向前冲啊！"小朋友们听从他的指挥奋力冲向前。而他们确实也赢得了"战斗"。

在一旁等了很长时间的父亲一直没有打扰他们，直到他们获胜，才将丘吉尔带回家。刚进家门，丘吉尔的母亲就埋怨父亲：

"你去哪儿了？怎么这次找孩子花了这么长时间？"

"哦，我找到他后，观看他们打仗呢。"

"不就是孩子们的游戏吗？有什么值得看的，这孩子实在太调皮了，每天就会贪玩，以后可如何是好啊？"

"亲爱的，我发现这孩子有天生的领导才能，如果我们细心培养，他一定会有所作为的。"

"我可不这样认为，这孩子太贪玩，我没发现他有什么优点，还是让他认真学习的好。"

可是丘吉尔学习的成绩很差，特别是数学，更是糟糕，除了作文以外，其他学科真是太差了。母亲对此很操心，与父亲商量道：

"要不咱们请个家教吧，这孩子学习成绩实在太糟糕了。"

父亲却不赞同："我觉得请家教也没有效果，这孩子不喜欢学习。"

母亲说："那也没有其他好办法了，不如先试试看，没准孩子能好好学习了呢。"

母亲用高薪聘请一位专门教小丘吉尔的家教，可是半年多了，小丘吉尔的学习成绩丝毫都没有提高。母亲对此很不满意，就将那个家庭教师辞退了，又聘请其他教师，几个月后，成绩还是那样。母亲特别失望，也没有其他办法。后来，丘吉尔曾回忆道："看来母亲对糟糕的学习真是太操心了，可是我却特别自信，觉得自己肯定能有出息的。"

父亲也是这样认为的，因而他并不像母亲那样心急，而是安慰焦急的母亲说："要不然试试我的办法，你教他学习绘画吧。"

"为什么要学习绘画呢？你想将他培养成画家吗？"母亲不是很赞同。

"不，我觉得这孩子太调皮，很难静下心来，绘画能让他集中精力。"

母亲还是有些不相信，只是试试看地教他学习绘画。一到野外采风的时候，母亲就特意嘱咐小丘吉尔说："每一片树叶的颜色你都要认真观察，阳面的颜色和阴面的颜色是有区别的。那些花瓣也是各有区别的，形状各异。"

丘吉尔仔细观察这些颜色和形状，再用画笔，将观察到的东西涂抹在画纸上。虽说小丘吉尔并不擅长绘画，但母亲还是很认真地教着，丘吉尔在她的指导下常常在画板前作画几个小时。这位细心的母亲发觉，丘吉尔不像以前那样调皮了，而是学会静下心来，集中精力。

后来，丘吉尔学会了聚精会神地阅读书籍，这些书都是父亲送给他的。丘吉尔很喜欢阅读文学名著以及伟人传记，特别是亚历山大和恺撒，他最喜欢阅读他们的传记。这时的他就下定决心，要成为一个伟人。

父母将7岁的丘吉尔送入詹姆斯教会学校。这个寄宿制学校里面都是富家子弟。学校富丽堂皇，居然装上那时罕见的电灯。刚入学时母亲就叮嘱丘吉尔："你要认真读书啊。"可学习没几天的丘吉尔发现学校对学生们的惩罚特别苛刻，丘吉尔非常厌学。校长总是命令所有学生到图书馆集合，站好队伍，将那些淘气的孩子带到隔壁，用鞭子抽打这些学生们，甚至打得遍体鳞伤，嗷嗷直叫。听到痛苦喊叫的声音，旁边的学生也都不寒而栗。一天，丘吉尔没有写完法语作业遭到责罚。校长用鞭子抽打丘吉尔的胳膊，丘吉尔咬紧牙关没有哭出来，他狠狠地盯着校长。校长一不留神，丘吉尔一下将他的帽子掀下来，用力踩在地上。

中学一毕业，父亲就将丘吉尔送往桑赫斯特军校，使他成为一名骑兵士官生，当时这是很多贵族子弟不愿意去的学校，对此母亲很不赞同：

"我觉得不应该让孩子去那个学校，士官生既辛苦又丢人，这对我们孩子不好。"

"我认为他应该在那儿磨炼一下。"父亲好像更了解孩子，"那个地方是最适合他的。"

确实，在那所军校的丘吉尔表现非常出色，每门成绩都很优秀。他最讨厌的拉丁语、法语以及数学等课程并不开设，而是有在其他地方学不到的战术、筑城法、军法、军政等课程。此外，他最喜欢体操和骑马，并且他非常擅长这些。在这所学校，丘吉尔充分开发了他的天赋。虽然军队教育十分苛刻，生活条件艰苦，很多学生非常不适应学校的课程及训练内容，他们都感到很痛苦，但丘吉尔却不这样，相反，他每天过得充实愉快。父亲为丘吉尔寄了很多学习的课外书籍，使丘吉尔学习更为广泛。丘吉尔最喜欢的就是战术和筑城。同时他在侦察线路、攻破桥梁等方面也表现出异于常人的天赋。

这位哈罗学校的差等生在这个学校毕业时，从 158 名学生中脱颖而出。由于表现出色，当毕业时，获得陆军骑兵少尉军衔。之后，丘吉尔曾回忆道："桑赫斯特是我一生的转折点。"

毕业后即将去印度服役之前，父亲赠予他许多演说与辩论方面的书籍，告诉他："孩子，你就要独自闯荡了，如今这些书对你会很有帮助的，你要认真学习，慢慢就会发现这些书的好处的。"丘吉尔多次研读这些辩论书籍，认真学习演讲技巧，并记录很多读书笔记，还时常练习和他人辩论，着力提升自身的演讲水平。

1899 年，从印度服役回来的丘吉尔开始了最令自己心仪的政治生涯。家庭出身以及政治传统都对丘吉尔产生深远的影响，为他日后成为著名的首相起着不可忽视的作用，成为丘吉尔拼搏上进的力量源泉。他因为出色的演讲能力、独特的见识以及冷静果敢的处事经验，很轻松地就获得竞选的胜利，当上了内阁大臣。那时的他年仅 33 岁。

丘吉尔语录

1. 战争时：坚决刚毅；失败时：顽强不屈；胜利时：宽容敦厚；和平时：友好亲善。

2. 真相需要诺言来保护。

3. 失去的，永远不会比你手上现在握住的多。

4. 宁愿只身在战场上杀敌，也不愿独自面对无理的人。

5. 暴风雨前的宁静，是在酝酿接下来发生的事。

6. 要保持健康的身体，除了节食、安静这两位医生外，还有一位，就是快乐。

7. 一个人绝对不可在遇到危险的威胁时，背过身去试图逃避。若是这样做，只会使危险加倍。但是如果立即面对它毫不退缩，危险便会减半。

8. 应当惊恐的时刻，是在不幸还能弥补之时；在它们不能完全弥补时，就应以勇气面对它们。

9. 向前看总是明智的，但要做到高瞻远瞩并非易事。

10. 妥协的人是在喂一条鳄鱼，希望它最后吃掉自己。

29. 邓肯母亲的逆境培养法

邓肯

（1878—1927）

（美国）

1878 年伊莎贝拉·邓肯在美国的圣弗朗西斯科出生，她是美国著名舞蹈家，也是现代芭蕾舞的创始人。邓肯从小就酷爱舞蹈，6 岁那年，她将邻居家的小孩带到家中，并教小朋友们学习舞蹈。小朋友们都特别喜欢。因此她深受启发，就劝告母亲成立舞蹈学校，由邓肯教孩子们跳舞。10 岁那年，她不再上学，而是专心投入到舞蹈学校中来。邓肯并不喜欢呆板的古典芭蕾程式，她认为舞蹈应该体现出欢快明朗的节奏和动作，因此，她开创了现代芭蕾。

有时候，幼小的儿童在适于他成长的环境中学到的技能以及坚强的能力，常常会出乎我们的意料之外。

——蒙台梭利

1878 年伊莎贝拉·邓肯在美国的圣弗朗西斯科出生了。母亲是名音乐家。当小邓肯尚在襁褓之中，她的父母就离异了。家中的 4 个孩子都跟随母亲生活，而邓肯是最小的孩子。因为母亲要外出教课，每天回家都很晚，加上要抚养 4 个孩子，因而生活特别拮据，根本没有钱为孩子请家教。

因为没有成人的管教，小邓肯一直过着自由自在无拘无束的生活。她常常一个人来到海边游玩，这样的畅快自如，为她日后创作灵动奔放的舞蹈打下坚实的基础。邓肯在后来能够有不同寻常的舞蹈观念，可能就是因为从大海的波浪中得到的灵感。她在儿时就表露出叛逆的性格。

因为母亲没有什么宗教信仰，小邓肯也在潜移默化中受到感染。一天，小邓肯和母亲一起路过一个教堂，许多人都前去做礼拜。小邓肯也想凑热闹跟进去，就问母亲：

"妈妈，好多人都进去了，要不咱们也进去吧。"

母亲告诉她："孩子，咱们不要进去，这是有钱人来的地方。"

小邓肯又问道："那些人在里面做什么呢？"

"他们在请求上帝，希望能得到上帝的保护。"

"妈妈，咱们也去恳请上帝保护我们，好不好？"

"孩子，咱们不要进去了，上帝只保护有钱人，而且我从来不相信上帝。"

因为受到母亲影响，小邓肯也不喜欢宗教。她在很小的时候就上学读书，5岁时，学校为圣诞节派发糖果时，说：

"孩子们，快来，圣诞老人为你们准备了礼物。"

"圣诞老人是不存在的。"邓肯马上反驳说，"你说的话不对。"

老师有些不悦："如果你相信圣诞老人，我就送给你糖果。"

"你的糖果我宁可不要，但我是绝对不会相信的。"小邓肯态度坚定地说。

这下可把老师惹怒了，想要惩罚邓肯，就让她坐在地板上，不许她起来。小邓肯的自尊心受到极大的打击，她站着冲全班学生大喊说：

"我妈妈早就跟我说过，那些圣诞老人都是有钱的母亲假扮的，送给孩子礼物。"

早就生气的老师一下将她拎起来，用力让她坐在地上。小邓肯反抗着，使劲用脚撑地。拿她没有办法的老师最终妥协，让她站在墙角。小邓肯觉得自己很受伤，她扭头大喊：

"根本就不存在圣诞老人，根本就不存在！"

在枯燥无趣的学校教育中，有时候邓肯是全班最优异的学生，有时又排在最后一名。原因在于她是否喜欢上课的教师，想不想学习那门课程。

其实，在最大程度上教育邓肯的就是她的母亲。她的母亲是名音乐家，每天晚上都为小邓肯演奏钢琴曲。那时的小邓肯耐心仔细地在旁边听着。她最喜欢听的曲子就是激情澎湃的贝多芬的曲子。母亲演奏贝多芬的曲子让她感到特别愉快。

就这样，小邓肯也逐渐爱上了音乐。当母亲弹奏钢琴的时候，她总是合着节拍在旁边唱歌跳舞。母亲用这样有趣又别致的教育方式，使得小邓肯养成既具有音乐细胞又豪放的性格。也正因为母亲的培养，使得小邓肯在艺术方面具有过人的天赋以及早慧的才能。

母亲不但能够弹琴，还常常为小邓肯朗诵诸如雪莱、莎士比亚的诗歌。在旁边听着的小邓肯常常沉迷其中。6 岁的邓肯就用母亲的语调高声朗读一首利特尔的《拟安东尼给克莉奥佩特拉的诗》。邓肯读起来是这样悲伤与凄凉，听她朗读的人全都因此深受感染，惊叹着年龄如此小的孩子居然能饱含成人的感情，理解诗歌如此透彻。

当时，母亲缺乏稳定的生活来源，只是做些针织等工作，收入既低又不稳定。一天，当一个女孩子在同学面前炫耀自己漂亮的裙子时，小邓肯非常羡慕她，也想拥有那样的裙子，想着自己能穿上，肯定更漂亮，于是她回家跟母亲说：

"妈妈，我想拥有一件五颜六色的漂亮裙子，我肯定会特别漂亮的。"

母亲为此觉得很心酸，她将小邓肯搂在怀里，说：

"好孩子，妈妈对此感到很对不起你，妈妈没钱为你买漂亮的裙子。妈妈认为，衣服整洁干净就很漂亮，最重要的美源自内心。"

小邓肯还是有些不明白：

"妈妈，内心美是什么样的啊？"

母亲告诉她：

"孩子，内在美指的是人的整体因素。不但要有多方面的才能，而且在品格上也有所表现。例如，当别人需要帮助时，能够伸出援助之手，当自己碰到难题时坚强勇敢地面对，这样才可以说是个美丽的女孩。"

小邓肯似乎明白了似的点点头，说：

"妈妈，我想成为内在美的孩子。"

从那以后，小邓肯看到穿着漂亮的女孩子再也不羡慕了，而是将精力放在跟母亲学习舞蹈和诗词上面。一有闲暇时间，她也会主动帮母亲做些洗碗、扫地等家务活。一天，母亲因为做针织活劳累过度而病倒了，没法像往常一样去卖她织的帽子，母亲因此很忧心。小邓肯看见母亲这样忧心忡忡，就询问母亲：

"妈妈，出了什么事了吗？"

母亲告诉她："孩子，我病倒了，没法出去，但要是我们今天没卖出去帽子，咱们就没有饭吃了。"

小邓肯知道后，就自告奋勇地说："妈妈，让我出去卖帽子吧。"

因此，小邓肯将母亲亲手织的小绒线帽戴在自己的头上，去各个家庭卖母亲织的东西，没多长时间，她就将母亲织的所有东西都卖掉了，而且比平时母亲卖到店里的价钱还要高。

家庭的贫苦既锻炼出小邓肯在逆境中坚强勇敢的性格，又培养出她在任何困境中都能克服困难的性格。每次家中缺乏食物时，她就去肉店要一小块羊肉，或是去面包店，恳请老板再赊她们些面包。从小就有艰苦奋斗性格的小邓肯之所以能在世界舞台上立足，也源于母亲的培养。

当6岁的小邓肯召集邻居家小孩围着母亲看跳舞时，并学着母亲的动作舞蹈着，母亲感到特别奇怪，就问："你们做什么呢？"

小邓肯很严肃地说："妈妈，这里就是我开办的舞蹈学校，我在教他们如何跳舞呢。"

对此，母亲觉得很新鲜，就坐下来为他们弹琴伴奏。于是，舞蹈学校就这样成立了，没想到非常受到当地人的喜欢。远近的女孩子都跑来参加这个学校，孩子的父母特意送给小邓肯一些学费，希望她能教这些孩子们学习舞蹈。就这样，几年过去了，当小邓肯10岁时，前来学习舞蹈的孩子已经非常多了，邓肯就跟母亲说：

"妈妈，我能够养活自己了，这比上学更重要。"

之后，姐姐伊丽莎白也同小邓肯一起教孩子们跳舞，想来学跳舞的人越来越多，甚至旧金山的很多有钱人也请她们教跳舞。于是，邓肯走上了她的舞蹈之路，并获得了令人敬仰的舞蹈家的荣誉。

邓肯语录

1. 贫困使我的母亲无法为孩子们请仆人或家庭教师，而恰恰是这种自由放任的童年赋予了我"一种自然发展的生命"。
2. 我最初跳舞的观念就起源于大海的波浪。
3. 最自由的身体储藏最高的聪明。
4. 天赋如同一粒种子，落在不同的土壤里会长出姿态完全不同的植物。

30. 爱因斯坦叔叔的慧眼识珠

爱因斯坦

（1879—1955）

（德国）

极负盛名的伟人爱因斯坦于 1879 年 3 月 14 日诞生于德国乌尔姆小镇的犹太人家。爱因斯坦是世界十大杰出物理学家之一，现代物理学的开创者、集大成者和奠基人。在他编写的书籍《论动体的电动力学》一书中，提出了 19 世纪最伟大的科学理论——"狭义相对论"。1916 年，爱因斯坦又在此基础上提出"广义相对论"。他因为"对理论物理的贡献，特别是发现了光电效应"而获得 1921 年诺贝尔物理学奖。爱因斯坦一生成就卓越，其名字已成为"天才"的代名词。

虽然学校的老师以及教育家抱有很大的希望，但很多时候他们是无法实现愿望的，我的观点是，因为他们将孩子的天赋看得太重。

——卡尔·威特

在人类历史上极负盛名的伟人阿尔伯特·爱因斯坦作出的科学贡献，使全人类的思维为之改变。然而令人难以想象的是，这位伟大的科学家小时却被人看成是弱智儿童。上帝似乎跟人们开了个极大的玩笑。

1879 年，爱因斯坦在德国乌尔姆小镇的犹太人家诞生了。父亲名叫海尔曼，是个杂货店的老板，但并不擅长做生意，反而对数学很感兴趣，母亲名叫波林·科赫，出生在面包商家庭。她精通音乐，曾担任音乐教师，最热爱贝多芬音乐，经常热情洋溢地弹奏贝多芬乐曲。渐渐地，全家人都很喜欢音乐。家人对爱因斯坦寄予厚望，然而年满 3 岁的爱因斯坦却还不会说话，不能将自己的意愿表达出来，他的父亲对此很忧心，对母亲说：

"别人都说这孩子智力低下，都 3 岁了还不会说话，该怎么办呢？"

母亲并不心急："我觉得这孩子很不错，他每次听我拉琴都聚精会神的，不要听别人胡说的话。"

"我给咱们孩子请个医生来看看，如果真有什么问题，咱们也好及时治疗，否则日后该怎么当工程师呢？"

母亲听到这话，有些不悦："我希望孩子长大后成为音乐家，他肯定对音乐很感兴趣的。"

"当个音乐家？"父亲很不赞同，"你看现在有那么多的乐师在乐团里，学音乐多半连工作都找不到，我觉得还是让他认真读书，以后进入大学，当个工程师是最好的。"

母亲仍坚持自己的观点："那咱们试试看，看到底谁能将孩子培养得更优秀。"

因此父亲和母亲就以他们的方式教育孩子。

父亲为爱因斯坦准备很多课本，教他识字。然而小爱因斯坦对此一点儿都不上心，教了好多遍的字母，他还是记不住。母亲呢，就时常为小爱因斯坦创造音乐的氛围。当小爱因斯坦能够拿琴了，就开始教他拉小提琴，爱因斯坦学音乐进步很大，母亲对此很是欣慰，常常让小爱因斯坦在亲朋好友面前演奏。

有一天，爱因斯坦的叔叔雅科布来他家做客，叔叔是名工程师，在海尔曼的电器厂工作。母亲让爱因斯坦演奏：

"孩子，你为叔叔演奏一首曲子，好吗？"

"好的。"爱因斯坦像往常一样拉了起来。可是还没结束就停了下来，在那儿发呆。

"孩子，有什么事吗？你怎么不继续演奏呢？"看到发呆的爱因斯坦，母亲询问道。

"妈妈，我突然想到，为什么通过琴弦就能演奏出这么美妙的曲子呢?"

母亲并不知道答案，只好说:"这孩子，难怪别人都说你笨，你在叔叔面前丢脸了吧。"

可叔叔雅科布对爱因斯坦却很称赞: "真难得，这孩子有过人的天赋。"

母亲感到很惊讶:"这孩子就喜欢一个人在那儿发呆，学东西总是比别的孩子慢。"

"哦，嫂子，不如让我教他吧，"雅科布满怀信心地说，"我一定能将这孩子教得很好的。"

此后就由雅科布负责爱因斯坦的教育工作。一次，雅科布查看爱因斯坦的语言作业时，看到有好多错误的地方，他就询问爱因斯坦:"你对什么最感兴趣呢? 是语言、音乐、数学还是绘画呢?"

爱因斯坦思考片刻说:"音乐，以及数学。"

雅科布告诉小爱因斯坦说:"数学的确有趣，如同打猎一样。如果我们没能抓到我们想猎取的动物，就要想出好几种方案，照着这些方案继续搜寻，一直到抓住猎物。"因此，雅科布为爱因斯坦准备了几道数学题，没想到爱因斯坦一下子就解决了，而且他用的方法并不是常用的方法，是算起来更为简单的新方法，所有的题目都没有出错。这太出乎雅科布的意料之外了。为此，雅科布为他又准备了很多关于数学的书籍，这里面也有在大学才开设的课程，比如说那时盛行的拓扑数学、运筹数学、分析数学之类的。经过雅科布的精心教育，爱因斯坦的数学有了突飞猛进的进步，他不但学会了初等几何，还将莱布尼茨的微积分原理学会了。所以当他读小学四年级时就能完成大学生才能完成的数学题。当他 17 岁时就开始钻研柏林大学博士生们研究的课题。

相比之下，爱因斯坦其他几门课程非常糟糕。那时德国儿童教育工作由教会负责，因此他被送入附近的天主教学校。这里的教育根本不符合小爱因斯坦的兴趣要求。在这里学习，爱因斯坦感到很不愉快，语言学和历史课程总是不及格。学校觉得小爱因斯坦在智力方面存在问题，所以学校的训导员告诉爱因斯坦的父亲："你的孩子肯定长大没什么出息。"

直到后来，这种学校教育状态也没得到好转。虽然小爱因斯坦在读中学的时候数学和物理学能够远超其他同学，可他在学校的处境却一直没得到改观。因为有着过人的数学才能，他对其他学科一直抵触，这让学校很是不高兴。而且爱因斯坦特别不喜欢那些枯燥无趣的课程以及死记硬背的知识。为此，爱因斯坦准备了一张精神状况不佳，不得不休学的医生证明，准备休学回家。没想到学校却比他快了一步，他们很早就厌烦爱因斯坦的怀疑精神和自由主义，因此勒令爱因斯坦退学。学校所提出的理由是：爱因斯坦对学生们对学校的尊敬起到反作用。于是，还有一年就毕业的爱因斯坦离开了中学。

孩子未能继续读书，父母对此很是忧心，特别是父亲，他认为自己的所有愿望都泡汤了。幸好，爱因斯坦的母亲对此还是很高兴，毕竟爱因斯坦的音乐一直很优秀，14 岁的爱因斯坦在学校比赛获得大奖。她对父亲说："你看，这孩子日后能够做名音乐家吧。"

父亲并不赞同："我觉得还是让孩子进入大学，成为工程师最好。"

可是爱因斯坦的学习成绩很差，头一次考试就没考上。父亲为此更加忧心："这孩子日后可怎么办好啊，连大学都进不了。"

母亲则说："不如让他学习音乐吧，看来学习音乐更适合他。"

父亲说："我和雅科布讨论一下，问问他的意见。"

父亲到雅科布那里，满脸愁容地将自己的困扰告诉雅科布，雅科布笑着说："哥哥，你拥有这样天才的孩子，怎么还这么忧愁。"

的确，爱因斯坦因为有着过人的数学才能被保送到苏黎世联邦工业大学的物理学专业，此后，爱因斯坦就开始了自己的人生之路。1905 年，爱因斯坦提出了狭义相对论的论文，这是人类首个原子能工程。第二年，他再次打破新纪录，提出了更加深远的广义相对论，这样一来，人类对于时空的思维完全打破了。1921 年，爱因斯坦获得诺贝尔奖，这时，谁能想到摘得科学巨冠的爱因斯坦，童年时被别人认为是笨蛋呢？

爱因斯坦语录

1. 学校向来是把传统的财富从一代传到下一代的最重要的手段。与过去相比，这种情况更加适合于今天。由于经济生活现代化的发展，作为传统和教育的传递者的家庭已削弱了。因此，比起以往来，人类社会的延续和健康，要在更高程度上依靠学校。

2. 要记住，你们在学校里所学到的那些奇妙的东西，都是多少代人的工作成绩，都是由世界上各个国家里的人热忱的努力和无尽的劳动所产生的。这一切都作为遗产交到你们手里，使你们可以领受它，尊重它，增进它，并且有朝一日又忠实地转交给你们的孩子们。这样，我们这些总要死的人，就在我们共同创造的不朽事物中得到了永生。

3. 它（指学校教育）应当发展青年人中那些有益于公共福利的品质和才能……学校的目标应当培养有独立行动和独立思考的个人，不过他们要把为社会服务看作是自己人生的最高目的。

4. 一个人的价值，应该看他贡献什么，而不应当看他取得什么。

5. 人只有献身于社会，才能找出那短暂而有风险的生命的意义。

6. 世间最美好的东西，莫过于有几个头脑和心地都很正直的朋友。

7. 爱是比责任感更好的老师。

8. 我们所能经历的最美好的事情是神秘，它是所有真正的艺术和科学的源泉。

9. 光用专业知识教育人是不够的，通过专业教育，他可以成为一种有用的机器，但是不能成为一个和谐发展的人。

10. 没有侥幸这回事，最偶然的意外，似乎也都是有必然性的。

11. 一个人对社会的价值，首先取决于他的感情、思想和行动对增进人类利益有多大作用。

12. 生命会给你所要的东西，只要你不断地向它要，只要你在要的时候讲得清楚。

13. 只有为别人而活的生命才是值得的。

14. 人所具备的智力仅够使自己清楚地认识到，在大自然面前自己的智力是何等的欠缺。如果这种谦卑精神能为世人所共有，那么人类活动的世界就会更加具有吸引力。

15. 因为我对权威的轻蔑，所以命运惩罚我，使我自己竟也成了权威。

16. 凡在小事上对真理持轻率态度的人，在大事上也是不足信的。

17. 发展独立思考和独立判断的一般能力，应当始终放在首位，而不应当把获得专业知识放在首位。如果一个人掌握了他的学科的基础理论，并且学会了独立的思考和工作，他必定会找到他自己的道路，而且比起那种主要以获得细节知识为其培训内容的人来，他一定会更好地适应进步和变化。

18. 探索真理比占有真理更为可贵。

19. 追求客观真理和知识是人的最高和永恒的目标。

20. 在真理的认识方面，任何以权威者自居的人，必将在上帝的嬉笑中垮台！

21. 我要做的只是以我微薄的力量为真理和正义服务，即使不为人喜欢也在所不惜。

22. 你要知道科学方法的实质，不要去听一个科学家对你说些什么，而要仔细看他在做些什么。

23. 一个人在科学探索的道路上走过弯路、犯过错误并不是坏事，更不是什么耻辱，要在实践中勇于承认和改正错误。

24. 科学家必须在庞杂的经验事实中抓住某些可用精密公式来表示的普遍特征，由此探求自然界的普遍原理。

25. 科学绝不是也永远不会是一本写完了的书。每一项重大成就都会带来新的问题。任何一个发展随着时间的推移都会出现新的严重的困难。

26. 科学研究能破除迷信，因为它鼓励人们根据因果关系来思考和观察事物。

27. 科学是永无止境的，它是一个永恒之谜。

28. 我们思想的发展在某种意义上常常来源于好奇心。

29. 要是没有能独立思考和独立判断的有创造的个人，社会的向上发展就不可想象。

30. 想象力比知识更重要，因为知识是有限的，而想象力概括着世界上的一切，推动着进步，并且是知识进化的源泉。严肃地说，想象力是科学研究中的实在因素。

31. 提出一个问题往往比解决一个问题更重要，因为解决问题也许仅仅是一个教学上或实验上的技能而已。而提出新的问题、新的可能性，从新的角度去看旧的问题，都需要有创造性的想象力，而且标志着科学的真正进步。

32. 没有想象力的灵魂，就像没有望远镜的天文台。

33. 学习知识要善于思考，思考，再思考，我就是靠这个方法成为科学家的。

----

31. 毕加索父亲对孩子的兴趣肯定法

毕加索

（1881—1973）

（西班牙）

西班牙著名画家、雕塑家，法国共产党党员，和乔治·布拉克同为立体主义的创始者——毕加索，全名为巴勃罗·迭戈·何塞·弗朗西斯科·德·保拉·胡安·尼波穆切诺·玛丽亚·德·洛斯雷梅迪奥斯·西普里亚诺·德拉圣蒂西马·特林尼达德·鲁伊斯·毕加索，简称毕加索，他是20世纪现代艺术的主要代表人物之一，遗世的作品达2万多件，包括油画、素描、雕塑、拼贴、陶瓷等作品。毕加索是少数能在生前"名利双收"的画家之一，被认为是20世纪最富创作力以及影响力的艺术大师。

假如不帮助孩子，忽略孩子所在的外部环境，那么孩子的内心就会处在持续的危险当中。

——蒙台梭利

伟大的艺术巨匠毕加索，既是个创作者，同时也是个毁灭者。他时刻保持创造的生命力以及非凡的想象力，始终进行追寻和探索。1881年10月，毕加索诞生于西班牙的马拉加市，父亲名叫唐霍塞，是位优秀的画家，在附近的美术馆工作。

毕加索刚出生没多久，就流露出过人的绘画天赋。虽然那时的他尚未说话，但就能用画画表露内心的意愿。一天，他将自己的一幅"作品"拿

169

给父亲看。父亲望着这张杂乱线条的画纸，不明白是什么意思。小毕加索用含糊不清的发音告诉父亲这是甜饼。没想到一个连话都不会说的孩子居然能用画画来表达自己想吃甜饼的意愿，这真是太奇特了。

但是父亲却不赞同儿子也走上绘画之路，他觉得绘画既辛苦又不挣钱。可是母亲却不这样认为。她知道毕加索很喜欢画画，就为他准备一支铅笔。就这样，这位绘画小神童就有了自己的绘画工具，他每天都在墙上画来画去，没人懂得他画的是什么。

当毕加索4岁时，聪明的母亲就为他准备了很多小动物的剪纸给他玩，很快，小毕加索也学会了剪纸，他会剪很多小动物、花草，而且还能将内心想出的很多奇特的东西剪出来。他的表妹康查以及母亲玛丽亚是他的观众，她们欣赏着他将白纸变成各式各样的东西，并且看得非常入神。

等到毕加索7岁时，无师自通的他居然能够画出很生动的画来。一次，在格朗奥古斯坦寓所的墙壁上，毕加索用水彩笔在上面画了一只正在啼叫的公鸡。人们看到这样逼真的绘画，忍不住称赞起来。然而父亲仍不愿教他学习绘画，却将他送入学校。

对毕加索来说，去学校学习非常痛苦。他不愿认真学习，原因是他坐不住，不想静下来，因而学习成绩很差。父亲对此严加指责毕加索说：

"孩子，对你来说，学习非常重要，你不要总是想着绘画了。"

毕加索却认为："我只喜欢画画。"

父亲又劝告："你如果仍不改正，会耽误你今后的前途的。"

因此，父亲费力将他送入管理更为严格的私立学校，并再三嘱咐教师对毕加索要严格管教。没想到，所有的努力都是白费的，这让小毕加索更加厌恶学校学习。他总是逃课，老师布置的功课他从不完成，在他的作业本上画着千奇百怪的图画。上课时，他也从不认真听讲，有时为老师画头像，有时随便画些桌子或是窗户之类的东西。小毕加索最爱画鸽子。一天，他将鸽子带入教室，准备为鸽子画画。老师对此严加指责，因为鸽子的"咕咕"声已经影响到课堂秩序，父亲知道这件事更是责罚他，毕加索对此情绪很低落，他一怒之下再也不愿学习了，每天就去外面写生画画，或是在家中画画。父亲在想尽各种办法均无果的情况下，最终改变管教批评的方式，准备与儿子促膝长谈。

一番斗争之后，最后妥协的是父亲和老师，他们答应让毕加索将鸽子放在教室中作画，前提是不能影响到别人上课。正是这次，小毕加索获得画画的胜利。父亲也一改往常，决定教他学习画画。由于有了父亲的指导，小毕加索绘画技术飞快进步。因此，毕加索更喜欢画画了。他最喜欢绘画的地点就是广场了。他特别喜爱在广场上观看鸽子，在空中自由翱翔的鸽子，总能激发毕加索内心的情感。他常常认真观看在树枝上或是空中飞翔的鸽子的动作，然后用很简单的线条画下来。类似的练习让毕加索的素描能力提高很快，在毕加索的绘画中鸽子是最常出现的对象。

1889 年，刚满 8 岁的毕加索创作出他的处女油画——《马背上的斗牛士》，在这幅画中展示出他过人的绘画才能，他所画的斗牛士以及观众都是热血沸腾的，整幅画的构图既新颖又胆大，突破绘画理论的束缚，采用自由着色，在艺术领域这幅画被给予很多称赞。毕加索对这幅早期作品非常满意，并一直将其留在身边。

1890 年 11 月，毕加索又创作了一幅《执木棒的海格力斯》，这是一幅素描，画作上写着巴·路兹·毕加索，也写上了日期。其实，油画以及素描只是毕加索的一种绘画手法，在这其中展现了他的大胆想象力，并创作出优秀的杰作。

1890 年 12 月，因为毕加索的父亲要去西班牙的拉科鲁尼亚工作，所以全家都搬到拉科鲁尼亚。来到这里，毕加索觉得特别新鲜，因此他的绘画题材又得以拓展。之后，人们通过他在拉科鲁尼亚所画的铅笔画中得知他那时的绘画情况。有一幅画画的是高矮不同的两人，高个子农民手拄着文明棍，矮个子是一个有着大脸蛋的孩子，戴着宽大的帽子，两人看起来特别滑稽。

在拉科鲁尼亚，毕加索去一所工艺学校学习严格的画法训练。在这里，他的考试成绩特别棒，总是获得"优"或者"特优"。在他的素描作品中，表现了过人的观察力。

另一方面，父亲还在家中对毕加索的画画技能加以训练。他将一只死去的鸽子的双爪在板子上固定，让毕加索进行多次的特写训练，就这样，毕加索的绘画技巧得到更大的进步。当他 13 岁时就开办了个人画展，展厅是在一家小百货商店的后房举行的，在此之前还做了一些小型的宣传工作。虽说当时画并没卖很多，但人们对这位小画家所画的作品仍非常惊叹。尤其是这位小画家的父亲，他觉得，儿子已经超出自己很多了，他表情严肃地将所有的画笔以及颜料都赠送给儿子。他正是用此传达出他对天才画家的尊敬。

此后，毕加索走上了他的绘画之路。他创作出非常多的艺术精品，最后成为世界顶级的绘画大师。

毕加索语录

1. 间歇性郁闷症发作期间，生人勿扰，熟人勿找。

2. 这年头要速度，不然吃屎都赶不上热的。

3. 拿份报纸上厕所，俺是读书人。

4. 是世界太虚伪，还是自己太过天真？

5. 笑只是一个表情，与快乐无关。

6. 对一个大师最尊敬的方式就是踩在脚下。

7. 好的艺术家模仿皮毛，伟大的艺术家窃取灵魂。

8. 行动是一切成功的基石。

9. 人们以为我画斗牛是从生活中得来，其实那之前我还没有钱买票看斗牛。

10. 风格对画家而言是最危险的敌人，画家死了之后，绘画才有风格。

11. 我的生活常常是戏剧性的，但不是悲剧的。

12. 我的艺术一点也不是抽象的，抽象的艺术并不存在，而且也不可能存在，艺术总是现实的表现。

32. 罗斯福母亲的教育调整法

罗斯福

（1882—1945）

（美国）

美国历史上唯一一位下身瘫痪却连任四届的总统——富兰克林·罗斯福，1882 年 1 月，生于美国赫道森河畔的上等人的家庭。罗斯福在 1932 年竞选总统获胜，成为第 32 任美国总统，是 20 世纪美国二三十年代经济危机和第二次世界大战的中心人物之一。富兰克林不但对美国，而且在全世界反法西斯斗争中占有重要的地位。他是位受人爱戴的政治家。

我认为克服恐惧最好的办法理应是：面对内心所恐惧的事情，勇往直前地去做，直到成功。

——罗斯福

在美国历史上有一位下身瘫痪却连任四届的总统，那就是富兰克林·罗斯福。1882 年 1 月，他生于美国赫道森河畔的上等人的家庭。父亲名叫詹姆斯·罗斯福，是工商行业赫赫有名的大资本家，是很多家大公司的经理。母亲名叫萨拉·德拉诺，出生在做酵母生意的富裕商人家庭。当富兰克林刚开始学走路时起，父母就反复强调，他是美国上流社会家庭的孩子。同周围人的比较中，富兰克林过的是衣食无忧的生活，他也很快就体会出来。如果从海德公园的三楼往下远眺，视线所能看到的河边的广阔土地都属于罗斯福家所有。

因为家庭非常富有，全家人都特别宠爱罗斯福，特别是他的母亲，将他看成珍宝一样。当罗斯福仅三四岁时，母亲就告诉詹姆斯·罗斯福说：

"我要将孩子教育成多方面发展的天才。"

丈夫回答说："好啊，那你是如何计划的呢？"

萨拉·德拉诺说："我打算先教他学钢琴和绘画。"

丈夫有不同意见："孩子这么小，能喜欢这些东西吗？"

萨拉·德拉诺说："孩子刚诞生时，就像一张白纸一样，所有的兴趣爱好都是靠后天培养的，假如我们现在教他学习钢琴和绘画，他就会很喜欢这些东西的。"

丈夫说："那可不一定，要不你先试试看吧，那谁来教他呢？"

"我们可以请个擅长钢琴及绘画的老师。"

因此萨拉·德拉诺特意为罗斯福请来一位年轻的女教师，也就是富兰克林的首位家庭教师——莱茵哈特，她每天都教小富兰克林学习钢琴和绘画。虽然这位年轻的女教师非常认真努力地在教，但小罗斯福似乎根本和这两门课程无缘，女教师都已经教了一周，可小罗斯福还是找不到钢琴的音阶在哪，学习绘画的情况更加糟糕，小罗斯福在课上总爱用画笔随意乱画，没人能看懂他画些什么。过了一个月，女老师很沮丧地告诉他的母亲说：

"看来您的孩子好像不怎么喜欢绘画和弹钢琴。"

萨拉·德拉诺回答说："您不要心急，这才刚刚开始呢，过段时间孩子就会感兴趣的。"

听到这样的回答，女教师只好继续教小罗斯福了。又过了一段时间，小罗斯福根本没有什么进步，母亲猜测可能是这位女教师的原因，所以就将她辞退了。

代替这位女教师的是一位从瑞士请来的擅长法语的桑多小姐。她不但教富兰克林的艺术课，还要教他学习语言、数学以及外语等课程。母亲特意为他制定严格的作息时间：每天早上 7 点起床，1 小时后吃早饭，上午学习 3 个小时，12 点至 13 点休息时间，13 点吃午饭，饭后接着学习至 16 点。

母亲采用贵族的教育方式教育富兰克林。除了一般的科目外，还要让他学习骑马、击剑等。为了让富兰克林有宗教信仰，每周末都带他去教堂，为的是将他培养成合格的上流社会成员。然而富兰克林总是想方设法地逃避母亲的安排。虽然换了两位家庭教师，但他仍然不会弹钢琴以及绘画、语言，也从来不会背那些诗歌。等到周末去教堂时，尤其是冬天，他总会提前生病，因而第二天就无法去教堂。直到 12 岁这样的状况仍没有改观。因为每次生病都很有规律性，所以母亲就开玩笑地将这病称为"周末头痛症"。

对于这样一个什么都学不会的孩子，着急的母亲想出个自以为是好办法的办法，她告诉孩子：

"从今天起，如果你哪门课程有进步，我就会奖励你一个美元。"

"好的，"小罗斯福特别兴奋地说，"这样的话，我就可以想买什么就买什么了。"

这个心急的母亲教育孩子使用的是对待成人的教育方式，没多久，小罗斯福就请母亲前来检查。虽然小罗斯福在钢琴和绘画上几乎没什么进步，但在语言和外语学科上却进步很大，他差不多每天都能背会一两首诗歌，这样一来，母亲每天都要给他一美元作为奖励。

父亲发觉小罗斯福总喜欢乱花钱，经过多次询问才得知萨拉·德拉诺与小罗斯福私下的协议，他对萨拉说：

"你怎能拿钱来奖赏孩子呢?"

"可这种方法很管用啊! 你看，现在孩子有非常大的进步呢!"

"可是这种方法有很多弊端。"

"不要紧的吧。"萨拉·德拉诺也有些心虚地小声嘀咕着。

"首先，孩子还不懂得如何使用钱财，就养成大手大脚的习惯，最可怕的就是他会认为钱财和学习是在一起的，如果没有金钱的奖励，他可能不会努力学习。"

因为丈夫非常不赞同这种奖赏方法，萨拉·德拉诺只好改换其他教育方式。新的奖赏方式是当小罗斯福会背新的诗歌或是有其他进步时，萨拉·德拉诺就为他庆祝，母亲为他准备一份他最喜欢的东西，或是煎蛋卷，或是牛奶鸡蛋甜饼。

一开始，小罗斯福不愿接受这个改变，在父母的多次教育下，他才接受这种方式，可是他提出的交换条件就是父母为他买宠物，而且还要每月陪他看海，因而父母就将苏格兰的小矮马以及长毛猎狗赠送给他，并且嘱咐他："今后这些动物都要靠你管了，比如说要喂养矮马。"对小罗斯福来说，这可是"特别费力的工作"，可他还是做得很好。大海对小罗斯福有着巨大的魅力，只要有大海的书籍他都要阅读，并且反复阅读。一次，母亲为他读书，他却在那翻阅关于大海的图画书，母亲指责他不认真听讲，谁知道他随口就将母亲最后读的那首诗句说出来，并且又说道："如果我不能一心二用，我会羞愧的。"

之后，小罗斯福最终考取了哈佛大学，又靠着自身努力最终担任美国总统。第二次世界大战期间，他为美国以及全世界作出了卓越的贡献。

罗斯福语录

1. 每当一位艺术家逝去，人类的一些幻想也随之而逝。

2. 失败固然痛苦，但更糟糕的是从未去尝试。

3. 以嘲弄的眼光看待人生，是最颓废的。

4. 相恋的男女在一起时一点也不觉得无聊，那是因为自始至终在谈自己的事情。

5. 一位最佳领导者，是一位知人善任者，而在下属甘心从事其职守时，领导要有自我约束力。

6. 有学问而无道德，如一恶汉；有道德而无学问，如一鄙夫。

7. 没有书籍，就不能打赢思想之战，正如没有舰就不能打赢海战一样。

8. 我认为克服恐惧最好的办法理应是：面对内心所恐惧的事情，勇往直前地去做，直到成功。

9. 我要宣传的不是颓废的淫逸哲学，而是自发的人生之道。

10. 人生是要活的，必须活得兴致勃勃，充满好奇心，无论如何也绝不要背对着生活。

11. 人生就像打橄榄球一样，不能犯规，也不要闪避球，而应向底线冲过去。

12. 要成大事，就得既有理想，又讲实际，不能走极端。

13. 当人们自由地追求真理时，真理就会被发现。

14. 一个真正伟大、骄傲而又勇敢的民族宁可面对战争的任何灾难，也不愿牺牲其民族尊严。

33. 巴顿父亲的人格魅力法

巴顿
(1885—1945)
(美国)

在第二次世界大战中赫赫有名的将军巴顿，全名为乔治·史密斯·巴顿，1885 年诞生于美国的加利福尼亚州南部的雷克维尼亚德。巴顿生于军人世家，在美国军事将领中赫赫有名，并富有传奇色彩。他总能得到众人的关注，身上随身携带枪支。他是个宗教信徒，另一方面，又对神灵不够敬畏。巴顿在战场上非常英勇，作战时他很重视运用坦克，讲究速战速决，人称"热血铁胆""血胆老将"。巴顿不仅是个优秀的将军，同时也很擅长文学，他是一个具有政治、军事、哲学思想之人，更是一个最具个性和人性的人。

如果父母不努力将孩子的错误改正，那慢慢发展下去，总有一天会影响到孩子日后的发展。儿时的坏习惯不得以改正，一旦长大后，再改就困难了。

——卡尔·威特

巴顿生于军人世家，从小酷爱军事的他一生中获得很多卓越的军事成绩，他的家族对他的影响起到十分重要的作用。巴顿的父亲虽说并不以军人为职业，但中学毕业后就去弗吉尼亚军事学院学习，又曾担任过高级学员的指挥官。毕业后，他在洛杉矶的小型律师事务所工作，1884 年选举成为当地的检察官。

小巴顿的外公是当地有名的富商本杰明·威尔逊，母亲名叫鲁思·威尔逊。母亲特别喜欢交际活动，常常不在家中，父亲工作忙碌，因此小巴顿跟随外公生活，小巴顿从小生活在外公拥有的宽广又美丽的牧场中。

这所牧场位于洛杉矶市东北部的郊区，离市区有 12 英里，从远方望去，碧绿无边的圣盖布里尔山映入眼中，低矮无垠的草原秀色宜人。小巴顿以及妹妹尼塔还有好多小朋友们常来这里欢快游玩。虽然巴顿的父亲忙于工作，然而每周还会准时来牧场探望他，有时还同小巴顿这帮小孩子们一起玩耍。一天，巴顿的母亲看到这种场景，就劝告父亲说：

"你都这么大年纪了，怎么还跟小孩子一起玩呢？"

父亲说："这你就不懂了，我是想用游戏的方式教孩子学习。"

"从游戏中有什么好学的呢？"母亲看来很不相信。

"我教他们怎样成为军人。"刚说完话，只见小巴顿手拿父亲为他"打造"的木剑，口里喊着"冲啊"的口号，快速跑过来，妹妹以及其他小伙伴们如同奋勇杀敌的战士也一同跟着。原来他们玩扮演军人的游戏呢。看到小巴顿兴趣如此高昂，母亲对父亲说：

"孩子扮演将军还有模有样的！"

父亲很得意地说：

"这下你信服了吧，我就是用游戏的方式教会他们的，我打算在咱们军事家族中再创造一个优秀的军人来。"

每当巴顿和小伙伴们做这样的游戏时，巴顿总是表现出争强好胜，甚至有些霸道专横的性格来，每次同小伙伴们游戏都总是居于领导地位。他们在假扮打仗的时候，小朋友们需要扮演成身份不同、国籍迥异的士兵，然而当将军的总是小巴顿，有些小朋友们提出其他异议，小巴顿一口拒绝说："没有商量的余地！成为将军的只有我，只有我能让你们获得胜利。"这样一来，所有的小朋友们都要听从他的安排，假装打仗的样子。在游戏过程中，小巴顿已经表现出过人的领导才能，常常将"敌人"消灭得一干二净。

小巴顿父亲对他的教育不只在玩军事游戏上，他还会教这帮孩子们学习骑马、射击以及搭建战堡。小巴顿特别喜欢这样的事情，并且有着过人的天赋，没多久，他就将这些事情都学会了。

一天，小巴顿无意中从马背上摔下来，他疼得直叫，而且望着那匹马，显然有些畏惧了。父亲冲小巴顿大喊："再骑马!"

小巴顿有些害怕："马会不会还将我摔倒在地?"

父亲劝告他："孩子，你要学会军人般英勇，不要害怕疼痛。"

经过父亲的鼓舞，小巴顿最终又骑上那匹马。

不但和孩子们一起做游戏，父亲又为小巴顿讲很多有趣的有关军事战争的历史故事，又详细为他讲解经典战役。

可以说，巴顿接受的最早的军事训练来源于父亲的早期教育，虽说并不专业而且显得有些浅显，但小巴顿显然受到深刻的影响，让他难以忘记。之后，巴顿还乐此不疲地讲述这段儿时的回忆，他说："少校是由尼塔扮演的，而我是名列兵。那时我居然认为列兵比少校官职更大。"

之后巴顿入学读书，但他很不喜欢学校的学习，上课不专心听讲，不听老师上课，反而总是打着逃学的主意。如此一来，小巴顿学习成绩总是下滑，甚至老师们觉得小巴顿得了"阅读障碍症"。与此同时，小巴顿更加迷恋军事游戏，而且特别争强好胜，喜欢同他人打架。一次，当高年级的学生欺负低年级学生时，被他撞上，虽然那帮人和自己的力量悬殊很大，但小巴顿冲上前去，与高年级学生打起架来。因为这次的打架事件，学校处罚巴顿，并且告诫他的父母，如果再有这样的事情发生，就将他开除。

父亲将小巴顿带回家中，刚一进家门，就开始训斥他：

"你为何不认真读书，反而每天都和人打架呢?"

母亲护着小巴顿说："小孩子难免起争执，这没什么的，等到他长大后自然就懂事了。"

"这事不那么简单，假如他小时候不能改正缺点，等到长大就更难办了。"父亲握住小巴顿的手，问他："孩子，你为何要打架呢？"

"因为他们欺负低年级的同学，正好我碰见了，这才动手的。"

"孩子，要知道你这是路见不平的侠义行为。爸爸也为你感到骄傲。"

"你的意思是你同意我打架了？"小巴顿立刻神采奕奕。

"不，孩子，打架并非解决问题的好办法。你希望日后成为优秀的军人吗？"

"当然希望了。"小巴顿回答道。

"一个优秀的军人第一要义就是要按纪律行事。假如你用武力解决问题，你就与学校的纪律相违背，你会受到处罚的，知道吗？"

"那怎么做好呢？难道什么也不做吗？"

"不，孩子，你可以告诉校长，用一种合理的方式处理问题，这样不是更好些吗？孩子，今后不管碰到什么难题首先要想一想，合格的军人不光靠的是武力，更要读书。"

"为何要读书啊？"小巴顿很好奇。

"读书才能入军校，成为优秀的军事将领，实现人生理想。"

经过父母及全家人的鼓励与指导，巴顿再也不和他人打架了，而是开始认真学习起来。巴顿学习飞快进步，特别是在历史学科上，他特别喜爱历史。这源于之前父亲曾为他讲述的大量有趣的历史故事，那些伟人的性格以及功业，总是令小巴顿特别喜爱，有时甚至激动得无法入睡。巴顿这样痴迷地学习历史，特别是军事方面的史书，例如《荷马史诗》中的《伊利亚特》以及《奥德赛》都让他爱不释手。

在丰富的历史书中，巴顿对军事历史发展有了一定了解，他知道许多战争故事，特别是富于传奇色彩的军事将领，在他的心中久久难忘。受这些卓越的军事将领的影响，巴顿也成为坚强果敢之人。他开始走向卓越的军人之路。经过他的不懈努力，终于完成学业，考取著名的西点军校，踏上了光辉的军旅生涯。

巴顿语录

1. 战争是人类最壮观的竞赛！战争中强者胜，弱者亡。

2. 战争是简单、干脆、无情的，因此需要一个既简单又无情的人把战争进行到底。

3. 军人也是一个公民，实际上公民的最高义务和权利就是拿起武器保卫祖国。

4. 赢得战争的方法就是打败敌人。

5. 一品脱的汗水可以挽救一加仑的鲜血。

6. 要记住，敌人也和你们一样害怕，可能比你们更害怕。

7. 不让敌人进攻你的办法就是你去进攻他，不停地向他进攻。

8. 没有一种机器能够比操纵机器的人更伟大。

9. 只有在国家利益高于个人利益的年代里，人类才能进步，个人英雄主义是一种腐败论。

10. 让自己的国家永存，哪怕牺牲生命。

11. 战争是执行一种简单的暴力，体现在书面上是极为苍白和毫无激情的。

12. 伟人之所以伟大，最突出的特点是他们效忠于他们的下属。

13. 高喊人人平等的人不是骗子就是傻子。

14. 不能以本色示人的人成不了大器。

15. 我对为了赢得战争而去到处乞求总是深感恼怒。

16. 我从来就不在乎是否和别人一样。

17. 成功的将军常常是让自己的计划适应环境，而不是让环境适应自己的计划。

34. 海明威父母的饮食调整法

海明威

（1899—1961）

（美国）

海明威是美国著名的小说家，于 1899 年诞生在美国芝加哥郊外的奥克帕克村。20 世纪 20 年代，海明威出版的作品有短篇小说集《三个短篇和十首诗》《我们的年代》以及长篇小说《太阳照样升起》《别了，武器》等作品。30 年代初期，他出版了长篇小说《有的以及没有的》。1936 年，他又创作了《乞力马扎罗山的雪》。30 年代末期，创作长篇小说《丧钟为谁而鸣》。1952 年，《老人与海》问世，并因此而获得 1952 年的普利策文学奖。1954 年，海明威获得诺贝尔文学奖，作品被评价为"擅长现代叙事艺术""对当代风格产生影响"。海明威以简洁写作著称，对美国文学及 20 世纪文学的发展有极深远的影响。

在人生或者职业的各种事务中，性格的作用比智力大得多，头脑的作用不如心情，天资不如由判断力所节制着的自制、耐心和规律。

——海明威

20 世纪文坛的一个璀璨的明星海明威，1899 年生于美国芝加哥郊外的奥克帕克村。当这个幼小的生命诞生之时，身长 2 尺 3 寸，重达 8 斤 6 两，头发又浓又黑，深蓝色的眼睛炯炯有神，白胖的脸蛋长有两个酒窝，他降临世界时的第一声啼哭强壮有力。这个漂亮强壮的幼小生命降临，使他的父母非常为喜悦。

海明威的母亲名叫格莱斯·霍尔，是一位很有才华的女低音歌手，她长有漂亮的金发，深邃的眼睛，皮肤细腻，乐观开朗，可惜却与舞台绝缘，原因是她在儿时就得了家族遗传的猩红热，对舞台灯光很恐惧，所以她将毕生精力投入在艺术生活中，每天专注于教学生声乐、绘画。

之后，她认识一位很有名气的妇产科医生，并使其成为自己的丈夫，有着艺术细胞的她觉得医生弥补了她多病的不足，这位医生就是海明威的父亲埃德。

埃德一生中接生了多达3000个婴儿，其中有6个是自己的孩子，海明威是他第二个孩子。埃德是个精力旺盛、热情洋溢之人，他不沉迷幻想，很注重实际，迷恋大自然的美景以及户外运动，身为一个妇产科医生，他精通照顾孕妇的专业方式，刚出生就很强健的海明威可以说就是在他的呵护下长大的。

当海明威尚未出世时，因为格莱斯体弱多病，就特别害怕腹中的胎儿也身体羸弱，加上她的头一个孩子马思琳身体很差，所以她极为忧心地对丈夫说：

"亲爱的，咱们的孩子是不是也会身体差呢？"

"别担心，只要听我的意见，就会很好的，当你怀有马思琳的身孕时，没按照我的意见来，这才让那孩子身体很差的。"

"好的，我会按你的安排去做的。"

格莱斯之前的生活饮食规律是这样的：每天只吃一日三餐的食物，不吃其他的东西；虽说她有物质条件，可以喝很多各式饮料，但只喝水，不喝任何饮料；从花园散步回来后，早餐是黄油面包，一杯水；下午从不喝咖啡；晚上食物很清淡简单。

当她怀有第一个孩子时，身边的人都劝告她要多补充营养，所以尽管丈夫反对，她仍听从他人意见：早上起床后先喝两杯浓咖啡以及饼干，10点喝两小杯牛奶，外加浓巧克力，一旦饥饿就喝两杯肉汤作为补充；正餐喝的是浓肉汤，还要补充蔬菜、烤鸡或是烤鸭、烤鹿肉，不但如此，又要补充滋补品，以及几杯高档红酒；三餐之后，偶尔还要喝上几杯加奶酪的咖啡；下午五六点时继续喝两杯茶，几块椒盐饼干；晚上是葡萄酒以及烤肉作为补充。

这样额外的补充营养的方式常常令格莱斯本人都感到难以下咽，何况是腹中的孩子了。因而她生下的头一个孩子身体很不健康。因为有了之前的教训，她开始征求丈夫的意见：

"这次我应该怎么做才好呢？"

丈夫说："你怀孕之前是什么样的生活方式，现在还继续保持，不要试图改变，不必像别人说的建议去做。"

"为何不用改变呢？如果那样的话不就缺乏营养了吗？"

"不，假如你的生活习性改变了，你可能适应不过来，你肚子里的胎儿也会如此，假如你担心缺乏营养，就可以早上晚上都补充些燕麦粥，加上吃正餐的时候多吃些肉或汤，这样完全足够了。"

"仅仅这些吗？"

"另外，你还要做些适量的运动，不能总待在家中。如果能够保持每天都慢跑最好了，还有就是餐后散步。"

这次，格莱斯完全听从丈夫的，而不再受周围人的影响，她每天都坚持运动，最终得到了强健的海明威。

海明威有个幸福的童年。在他5岁之前，父母总是将他打扮成女孩子模样。因为在维多利亚年代，有着将男孩扮成女孩的传统，身为英国血统的母亲，因为怀念这种风尚，故意将海明威打扮得像个女孩。可是小海明威在那时就和女孩完全不一样。他特别调皮活泼，很好动，每天都到处玩，不肯安静一会。当他2岁多时，就玩战争游戏，将捡来的木片、木棍当成长短不一的短枪、长枪等。

海明威很爱听故事以及看那些图画书，也爱为他喜欢的东西以及家人命名。他刚入安尼小姐开办的豪斯·英格利赛幼儿园没几天，学校就告知他的父母，说小海明威特别嗜吃，每天都吃很多的零食，这使得他的父母很着急。

出现这种状况源于海明威从小吃饭特别挑剔，他不喜欢吃很多的食物，他最不喜欢吃的就是蔬菜，最喜欢吃肉，每次吃饭的时候，肉类几乎都被他一扫而空。父亲希望孩子有良好的生活习惯，讲究卫生喜爱干净，但每次没等他阻止小海明威，妻子就开始为小海明威找理由，比如说孩子正处在补充营养阶段，这样父亲只能等待时机再劝告他们了。

机会果然就来到了。由于长期缺乏蔬菜的营养，小海明威染上了便秘、痤疮，9天都没大便过一次。身为医生的父亲就抓住机会告诫小海明威说："看吧，这就是因为你总是挑食，你今后要多吃蔬菜，少吃肉类。"痛苦的海明威得到这次的教训，听从父亲的劝告，可是母亲还是让小海明威多吃肉类。

父亲就开始劝告她："你今后不要给孩子吃太多的肉类了。"

"为何不能呢？孩子多补充些营养有问题吗？他如今吃蔬菜了，又不挑食。"

"不光是因为挑食。"

"那还有什么问题？难道和宗教信仰相违背吗？"妻子感到不解。

"也不是的，你没觉得小海明威现在很喜欢争强好胜了吗？"

"这样勇敢有什么问题呢？"妻子仍是不明白。

"太喜欢争强好胜，就喜欢暴力，一旦达不到目的，就暴跳如雷。"

"这和喜欢吃肉有关联吗？"

"确实有关系。人的饮食能够引导性格。你可以从自然界中看到这一点。肉食动物特别凶猛，食草动物就不这样。假如现在不调整孩子饮食，我就怕他以后偏向暴力。"

因此父母就精心为小海明威制定了科学合理的饮食规律。虽然这样做，但小海明威还是表现出和其他孩子不同的一面。当他5岁的时候，就不靠其他东西帮助，前去阻挡一匹受惊的马匹。6岁时，就捕获豪猪。他也喜欢创作故事，而且总是在故事中将自己当成如同罗宾汉一样的好汉。他对打猎和拳击很痴迷。之后他的外祖父告诉海明威的母亲："这孩子早晚能够出名的。假如他能多思考，肯定会有出息的。可是如果放纵自己，走上错路，恐怕日后也会入狱的。"

幸好，海明威将他的精力放到正路上，通过他的努力，最终成为文学巨匠。

海明威语录

1. 事非经过不知难。

2. 只要你不计较得失的话，人生还有什么不能想法子克服的？

3. 每个人生下来都要从事某项事业，每一个活在地球上的人都有自己生活中的义务。

4. 人生来就不是为了被打败的，人能够被毁灭，但是不能够被打败。

5. 生活与斗牛差不多。不是你战胜牛，就是牛挑死你。

6. 我多希望在我只爱她一个人时就死去。

7. 所有的罪恶都始于清白。

8. 没有失败，只有战死。

9. 胜利者一无所获。

10. 对一个作家最好的训练是一段不快乐的童年。

11. 二十世纪的丧钟为人类而鸣！

12. 如果你有幸在年轻时居住过 Paris，那 Paris 将会跟着你一辈子。

13. 只向老人低头。

14. 每个人都不是一座孤岛，一个人必须是这世界上最坚固的岛屿，然后才能成为大陆的一部分。

15. 上帝创造人，不是为了失败。

16. 每一个人在世界上都要受挫折，有许多人反而在折断的地方长得最结实。

17. 在风平浪静的大海上，每个人都是领航员。

18. 但是，只有阳光而无阴影，只有欢乐而无痛苦，那就不是人生。以最幸福的人的生活为例——它是一团纠缠在一起的麻线。丧亲之痛和幸福祝愿，彼此相接，使我们一会儿伤心，一会儿高兴，甚至死亡本身也会使生命更加可亲。在人生的清醒时刻，在哀痛和伤心的阴影之下，人类与真实的自我最接近。

19. 在人生或者职业的各种事务中，性格的作用比智力大得多，头脑的作用不如心情，天资不如由判断力所节制着的自制、耐心和规律。

20. 我始终相信，在内心生活得严肃的人，也会在外表上生活得朴素。在一个奢华浪费的年代，我希望能向世界表明，人类真正需要的东西是非常之微少的。

21. 自己就是主宰一切的上帝，倘若想征服全世界，就得先征服自己。

22. 每一个人都需要有人和他开诚布公地谈心。一个人尽管可以十分英勇，但他也可能十分孤独。

23. 偏执是件古怪的东西。偏执的人必然绝对相信自己是正确的，而克制自己，保持正确思想，正是最能助长这种自以为正确和正直的看法。

24. 只要不计较得失，人生便没有什么不能克服的！

25. 我要让它知道什么是一个人能够办得到的，什么是一个人忍受得住的。

35. 李约瑟父亲的勇敢锻炼法

李约瑟

（1900—1995）

（英国）

全称为约瑟夫·尼达姆的李约瑟博士担任英国皇家御前顾问、英国皇家学会成员、英国科学院院士、美国国家科学院院士、美国艺术及科学院院士、丹麦皇家科学院院士、中国科学院及中国社科院名誉教授，同时，他也是出色的生物化学家，担任中国科学史及国际联合会科学院的总顾问。李约瑟于1900年12月诞生于英国伦敦的知识分子家庭。他早年在剑桥大学学习，1921年学士毕业、1925年1月硕士毕业、1925年10月博士毕业。31岁时出版了《化学胚胎学》，又发表《生物化学形态学》和《胚胎学史》，被科学界誉为"化学胚胎学之父"。从1942年到1946年在中国重庆任中英科学合作馆馆长，结识了竺可桢、傅斯年等中国科学家和学者，收集了大量的中国科学技术史文献。他将所有的精力都投身在研究中国古代科技上。用所有的研究成果写成30多卷册的恢宏巨作《中国科学技术史》，并开创了一门新的国际学科。

对孩子们来说，做游戏只是他们打发时间的一种方式，假如逼迫他们长时间玩游戏，他们会觉得很难受。

——蒙台梭利

李约瑟，全称为约瑟夫·尼达姆，1900年12月诞生于英国伦敦，他在中国科技史研究上占有很重要的地位。父亲老约瑟是伦敦比较有名的医生，麻醉技术非常高超。在李约瑟成长的过程中，父亲对他的帮助很大。母亲名叫艾莉西亚，是北爱尔兰人，对钢琴和音乐作曲非常擅长。她曾在英国近卫军军乐队中担任指挥工作，至今她创作的很多曲子还在播放。

李约瑟从小就非常聪慧，喜欢思考问题。上天似乎对这个小男孩额外厚爱，他如同被赋予了神奇的力量，使他将各种知识和思想都吸入体内。

因为李约瑟的母亲演出活动非常多，小李约瑟总是孤身一人待在家中。父亲看到这种情况，就会陪他玩游戏。父亲常常教他堆积木游戏，用那些积木搭建堤坝或是开拓运河。一开始，小李约瑟特别喜欢这种游戏，然而很快他就厌烦了。一天，父亲回家后又叫来李约瑟，同他玩游戏，小李约瑟有些不高兴地对父亲说：

"爸爸，咱们不要玩游戏了。"

父亲对此特别惊讶，询问他：

"你怎么不愿玩游戏呢？你之前一直都很喜欢啊？"

小李约瑟告诉他：

"每天都玩这个游戏，我感觉很厌烦，我希望能够学习有用的能力。"

父亲知道后，说：

"好的，爸爸今天教你学习骑马。"

听到父亲的话，小李约瑟兴奋得快要跳起来了，急忙拉着父亲，就往外跑去。父亲知道孩子开始想要学习了，就不继续玩游戏，而是想尽办法让他学习知识和能力。父亲教他学习骑马，让他阅读熟悉、学习法语，有空的时候还会带他去法国游玩，在小李约瑟内心充满了对这些东西的兴趣，而且这些教会了他在游戏中不曾学过的知识与能力。

偶尔，父亲还会带他去圣殿教堂做礼拜。教堂的神父名叫巴恩斯，他是一位演说家，并且是英国皇家学会数学家成员。在教堂中，小李约瑟得以听到神父的讲道，这令他收获颇多。巴恩斯会将一些高深的学问，例如宗教的历史地位，各时期各种学派的哲学等教给他，而且他讲课使用明白通晓的语言，使小李约瑟总是获益匪浅。

父亲对待小李约瑟并不溺爱，而是让他在实践中得到锻炼，让他树立责任感。由于父亲的教育，小李约瑟在很小的时候就开始识字，而且特别喜欢读书。他从父亲的书籍中感受到极大的快乐，其中，他印象最深的就是《古代埃及人的风俗习惯》以及《哲学的历史》。在这两本书中，小李约瑟知道，那些被传统观念认为绝对的东西，并非如此，尤其是学习东方文化时，他并没有民族偏见。在父亲的影响下，小李约瑟视野进一步开拓，他对所有文化的观点都特别客观。有了父亲的教育，小李约瑟在儿时就形成了爱读书爱思考的良好习惯。并且，他还养成了做事勤恳严谨的科学精神。为了锻炼他，身为医生的父亲有时让李约瑟帮他配药。

当小李约瑟10岁时，一天，父亲郑重其事地告诉他：

"孩子，明天我要为一个阑尾病人做切除手术，你能在手术台帮我忙吗？"

小李约瑟很积极地说：

"好啊，我要做什么呢？父亲。"

"你做的事情很简单，就是担任我的助手，帮我递手术刀、钳子、还有缝合线这样的手术用具。"

"需要手术刀？病人是不是很疼呢？是不是要流很多血啊？"小李约瑟有些畏惧了。

"在手术前就为病人打了麻醉剂，所以病人并不疼痛。只是血会流出来一些。"

"那流血很可怕吧？"

父亲和蔼地对小李约瑟说：

"孩子，当遇到任何事情你都要勇于面对，你明天有没有勇气去手术室帮爸爸的忙呢？"

小李约瑟思考片刻，说：

"父亲，我愿意。"

到了第二天，他果然很勇敢地陪同父亲一起将手术完成得很漂亮。对于小李约瑟来说，第一次登上手术台，看到血却没有晕倒，他感到很骄傲，父亲对此也感到很欣慰。

当李约瑟还很小的时候，父母就因性格不合常常吵架。母亲是个富有生活情趣之人，而父亲却是个呆板严肃之人。两人如同冰与火一样，总会因一些小事就开始争吵。

小李约瑟对父母的长期争吵感到很难过，当父母起了争执时，他常常躲到自己房间流泪哭泣。小李约瑟不懂，为何父母有这么多矛盾，他真希望能够帮助父母和好，成为他们沟通的桥梁。

一天，父亲正在埋头研究学问，酷爱音乐的母亲在一旁唱歌。这歌声使得父亲无法安心工作，他很不高兴，就告诉他的妻子：

"艾莉西亚，你保持安静，可以吗？你也可以去其他地方唱歌啊。"

这惹怒了妻子：

"为何不让我唱歌，我有我的自由。"

说完，似乎赌气似的反而将声音加大。父亲对此有些恼怒，就跟妻子说：

"你居然这样做？你耽误我工作了。"

妻子好像根本没听见一样，继续唱着歌。最后，父亲发怒了，两人又开始争吵起来。小李约瑟对父母的吵架很不高兴，就冲父母大吼：

"是你们教会我要宽容他人，对人有礼貌，你们就是这样做我的榜样的吗？我每天看到的都是你们蛮不讲理的争吵！"

听到小李约瑟的话，父母都感到难为情，他们羞愧地停止了争吵。但没几天，父母水火不容的性格又令他们争吵起来。

就这样反复好几次，小李约瑟对他们的争吵就开始充耳不闻了，然而聪慧的小李约瑟一直都想着如何能排解父母争吵带来的痛苦。他想的办法就是当父母起冲突时，他就在房间里看书，如果将喜欢的书籍读完后，就开始阅读父亲的书籍。这样，他读了很多父亲的书籍，随之，他的感情更多地倾向于父亲了。随着他一天天长大，他对父亲科学严谨的学习态度感到敬佩。父亲做事严谨、很有条理性，而且全神贯注地做事情，这使得小李约瑟也深受感染，这些都为他日后从事科学研究打下了坚实的基础。

1918 年 10 月，李约瑟凭借突出的成绩得以进入剑桥大学学习，他攻读的学科是医学，同父亲一样想要成为医生。在剑桥大学学习时，他结识了三位来自中国的生物化学家。他们都准备考取博士，工作性质和李约瑟比较相似，因此他与这三位中国留学生关系非常亲密。他们很喜欢讨论中国的儒家思想和道家思想。通过交谈，他知道中国古代的医生们技术非常高超，他觉得中国的所有科学技术，可能是世界成就史最重要的组成部分。因此，李约瑟决心攻读中国的古代科技。

　　在李约瑟多年的潜心研究下，他出版了《中国科学技术史》，在这部书中，他将中国古代科学技术的光辉灿烂成果以及对世界文明的重要地位都详细叙述出来，所有人都坚信，在近代科学技术尚未兴起之时，中国的科学技术不但有自己的一套体系，而且深深影响其他国家。这部书出版后，引发了西方世界的一片哗然，他因此也获得巨大的荣誉，英国女王授予他"御前顾问"的头衔。

李约瑟语录

----

　　1. 对科学家来说，不可逾越的原则是为人类文明而工作。

　　2. 尽管中国古代对人类科技发展作出了很多重要贡献，但为什么科学和工业革命没有在近代的中国发生？

　　3. 中国文化就像一棵参天大树，而这棵参天大树的根在道家。中国如果没有道家思想，就会像一棵某些深根已经烂掉的大树。

----

36. 萨特外祖父的好奇兴趣法

萨特
(1905—1980)
(法国)

　　法国著名的作家让·保罗·萨特，是存在主义文学的创始人之一。他是 20 世纪法国著名的文学家、哲学家和政治评论家，也是法国无神论存在主义的主要代表人物，同时又是优秀的戏剧家和社会活动家。1905年 6 月萨特诞生于巴黎市 16 区米涅尔街的富豪之家。代表作有长篇小说《恶心》，短篇小说集《墙》，长篇小说三部曲《自由之路》（包括《懂事的年龄》《弥留期》及《心灵之死》)，剧本有《苍蝇》《密室》《死无葬身之地》《敬爱的妓女》《脏手》《魔鬼与上帝》，等等。

　　我们总爱在对方面前、在卡尔面前或是卡尔周围人面前反复强调写字多么重要，我们也总是希望他喜欢写字，然而我们没有为他提供帮助，至少在他反复要求下帮助他。

——卡尔·威特

　　1905 年 6 月，法国著名的作家让·保罗·萨特诞生于巴黎市 16 区米涅尔街的富豪之家。那时，能够住得起这样的豪宅的都是富有的资产家。然而萨特刚出生几个月后，他和他的父亲却染上肠炎，眼见就奄奄一息，幸好他的爷爷是位医生，对两人及时治疗。可惜的是，只挽回了小萨特的生命，他的父亲不幸去世了。萨特的母亲，没有得到来自丈夫的遗产，自己又没有收入来源，因此就带着小萨特回娘家居住了。

萨特父亲过世，使得小萨特从小就放纵玩耍。

萨特的外祖父之前是位教师，有圣父般的胡须，他时常爱抚小萨特的头，在他眼中，小萨特就是上天赐予他们家的小天使。他用慈爱的声音将萨特称为"小东西"。萨特母亲主要负责孩子的游玩，她常带小萨特去卢森堡公园、马戏场以及剧院，还会带他观赏有趣的影片。而萨特的学习由外祖父负责。

外祖父有自己的一套教育孩子的方法。萨特即将 4 岁时，外祖父也没教小萨特认字。这时，萨特的母亲安娜很焦急，就问自己的父亲：

"爸爸，孩子都这么大了，你为何不教他识字呢？"

萨特外祖父微笑着告诉她："其实我已经开始了，你没察觉吗？"

安娜特别惊奇地问："不是啊，爸爸，我前几天询问孩子，他说什么也没学过啊。"

"哦，我都教他两种语言了。"外祖父仍保持神秘。

"真的吗？"安娜半信半疑。

"是的，你看，在我们家，你同你的母亲说话用的是法语，而我每天都用德语和佣人们说话，在潜移默化当中，孩子就掌握了这两种语言，只是我没让他学习课本上的知识而已。"

"哦，是这样啊，爸爸你的方法可真独特。"安娜这才有些放心。

"我自有教育孩子的方法，你不用担心。"

由于家里用两种语言交流，小萨特不知不觉就学了法语和德语。因为没有父亲的严厉管教，而有外祖父的疼爱以及母亲的宠爱，小萨特快乐地无拘无束地成长着。他为人诚实、乐观豁达，每个人都很喜欢他。

当萨特 6 岁时，外祖父就回家休息了，为了全家人的生计，他就创办"现代语言学院"。这所学校通过面对面的授课形式，教学生们学习法语。学生们多是短时间居住巴黎的外国人，其中最多的是德国人。因为办学水平突出，挣了不少钱。当外祖父教学生时，小萨特感到新奇，也会跑来听讲。然而贪玩的他没多长时间就跑出去玩了。外祖父对此也并没有责怪他。

当外祖父有空之时，他最喜欢待在书房里。小萨特对外祖父的书房充满好奇。一天，他看到外祖父在书房里有好长时间了，就好奇地想要一看究竟，就问道：

"外公，你在书房都做什么呢？"

"我和朋友们聊天呢。"一见萨特过来，外祖父笑着回答道。

"你的朋友们？他们在哪呢？这里还有其他人吗？"萨特感到更奇怪了。

"哦，好多的朋友呢！快看，他们都住在书房里。"外祖父手指着那些书籍说。

"朋友们都在书里？"望着那些书籍萨特更惊奇了，"他们都说了什么了吗？"

"他们告诉我很多生动的故事，你也想听一听吗？"

"是啊。"小萨特兴致勃勃地说。

于是外祖父打开书籍，为小萨特讲述神话故事。小萨特完全沉浸其中，故事讲完了，还要外祖父再为他讲一个。

外祖父说："孩子，这里有特别多的趣味故事，一年的时间都讲不完。今天咱们就先讲这个，我要上课去了。如果你想听更多的趣味故事，你要学习识字，就能看书了。"

之后，小萨特很喜欢跑到外祖父的书房中。这里四周都是书籍，还有很多长期没翻看的，上面有厚厚的尘土。那时小萨特识字不多，也不知书里说的是什么，但他很喜欢方块状的书籍。他常常到这里，身处古老经典的书海中，他感到特别愉快，他知道他沉浸在知识的海洋中。

小萨特时常看到头发苍白的外祖父如同司仪牧师，看书时动作轻巧。外祖父轻松自如地从椅子上起身，回到房间里，随手拿着一本书，也不挑选，边走边用食指和拇指翻阅，一下就翻到想读的那页上。翻书的声音非常清脆。看着外祖父看书的动作，小萨特觉得外祖父在举行特殊仪式，这仪式令小萨特很痴迷，好几次，他轻轻地触摸那如同魔法宝盒的书籍，他很想知道，它们究竟有什么魔力，里面写的是什么。

外祖母的房间也有很多租回来的书籍，那里应该也有许多趣味故事。因为小萨特见外祖母从书堆中拿出一本，将老花镜戴上，坐在安乐椅上开始细心品读。读这些书籍，有时令外祖母高兴，有时情绪低落，有时兴奋地喊出声来，有时又叹息不已。在读书的过程中，外祖母总是露出不易察觉的笑容，小萨特对此也很好奇。当他偷偷溜到外祖母身边，想要拿到她手中的书籍时，外祖母喊道：

"孩子，快放下，你可能将页码弄混的。"

所有的这些好奇，都令小萨特决心要尽快识字，这样的话，他也能阅读那些有趣的书籍了，因此他对外祖父说：

"外公，我想跟你学习识字。"

外祖父对此非常高兴，就问小萨特："你为何想要识字了呢？"

"因为我想看那些书籍。"

"太好了，孩子，我马上就教你学习。"

由于外祖父的努力培养，小萨特学习识字进步飞快，只用了两三个月的时间，他就能阅读浅显的书籍。母亲对此很惊喜，询问父亲道："这孩子怎么学习这么快速呢？"

父亲告诉她："那是因为他有着识字的强烈决心，这就是我一直以来希望看到的。"

母亲看到小萨特这么喜欢学习，就特意为他买来很多适合他阅读的书籍，小萨特从此和书籍结下了不解之缘。之后，萨特成了法国著名的作家，可以说，书籍开启了他的新生活，他也是在书籍中结束他的辉煌的。他与书有着如此多的缘分，源于外祖父的精心教育。

萨特语录

1. 他人即地狱。
2. 世界是荒谬的，人生是痛苦的。

3. 人的本质悬置在人的自由之中。

4. 人首先是个把自我向着一个未来推进而且知道自己正是这样做的生物。

5. 我是在书堆中开始我的生活的，就像毫无疑问地也要在书堆中结束我的生命一样。

6. 把艺术作品看作超验的成果，因为每件作品的产生都有益于世人。

7. 在我们之间存在着必要的爱情；但同时我们也认识到，需要偶然的爱情。

8. 我自称是受百姓拥护的救星，其实私下里为了我自己得救。

9. 内心贫乏和感到自己无用，促使我抓住英雄主义舍不得放下。

10. 人像一粒种子偶然地飘落到这个世界上，没有任何本质可言，只有存在着，要想确立自己的本质必须通过自己的行动来证明。人不是别的东西，而仅仅是他自己行动的结果。